東京時層探検

黒沢永紀
Kurosawa Hisaki

Kan Kan Trip
Japan

はじめに

日々めまぐるしく更新を繰り返すメガシティ東京。ガラス張りのビルが建ち並び、整備されつくされた現在の様子は、記憶を失った街のようにすら思えることがあります。

しかし、そんな東京でもつぶさに観察すると、映画のセットのような妖しげな路地や、見慣れない形の古い建物が密集する地域など、周囲とは少し違う時間の層が顔を出している街に巡り会うことがあります。また、さまざまな時間の層が折り重なって、歩んできた時代を一望できる街もあったりします。新しいものが溢れかえる東京では、逆にそういった場所に非日常を感じて、ちょっとした旅気分を味わえるから不思議です。

東京のちょっと変わった時間の層＝時層が見える異空間を、今世紀の初め頃から探し歩いてきました。多くの人が知る場所から、ほとんど地元の人しか知らないような場所までさまざまですが、時層を掘り起こしてみると、意外な出来事が眠っている場所もあって、興味が尽きません。

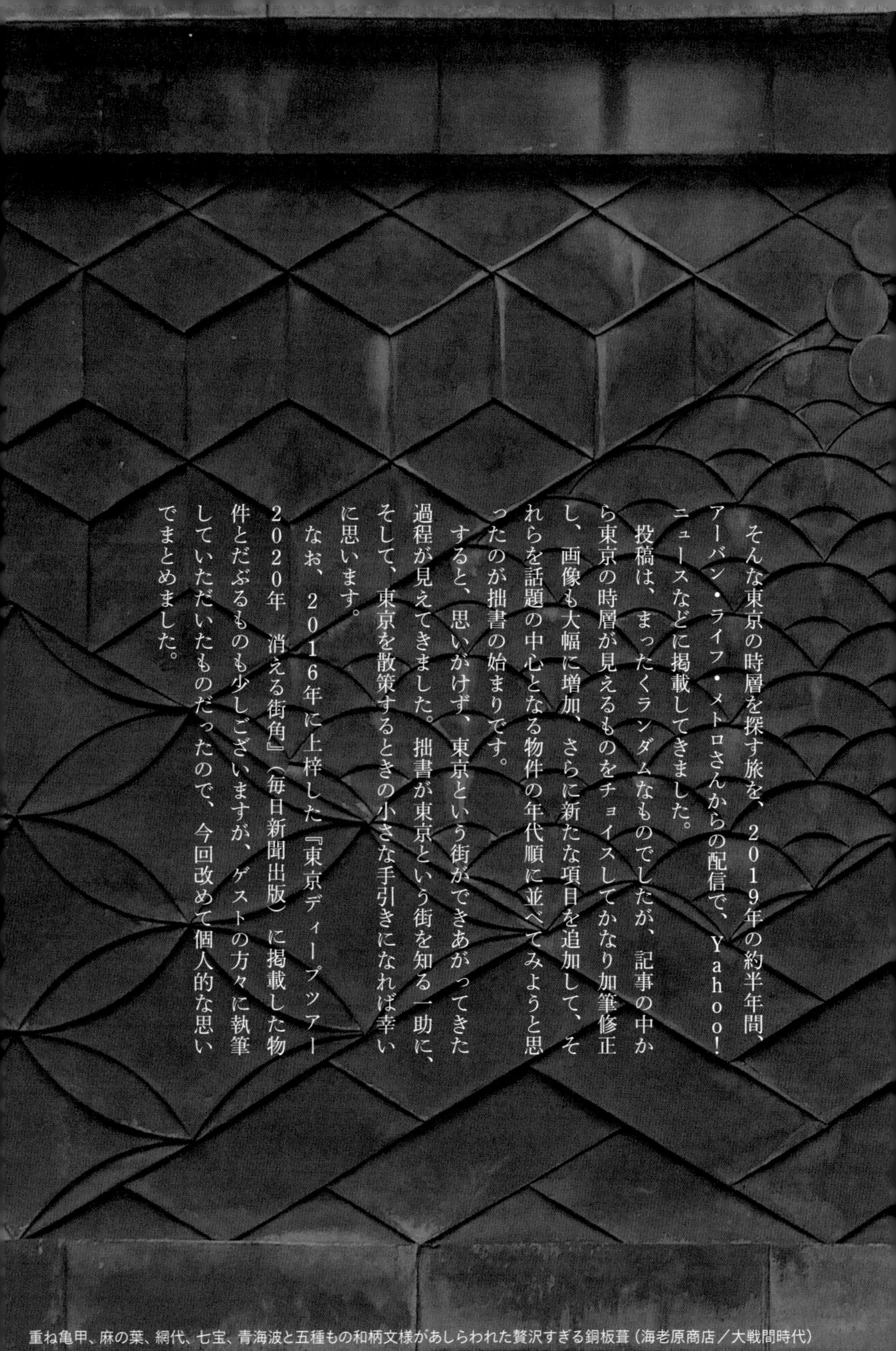

そんな東京の時層を探す旅を、２０１９年の約半年間、アーバン・ライフ・メトロさんからの配信で、Ｙａｈｏｏ！ニュースなどに掲載してきました。
投稿は、まったくランダムなものでしたが、記事の中から東京の時層が見えるものをチョイスしてかなり加筆修正し、画像も大幅に増加、さらに新たな項目を追加して、それらを話題の中心となる物件の年代順に並べてみようと思ったのが拙書の始まりです。
すると、思いがけず、東京という街ができあがってきた過程が見えてきました。拙書が東京という街を知る一助に、そして、東京を散策するときの小さな手引きになれば幸いに思います。
なお、２０１６年に上梓した『東京ディープツアー　２０２０年　消える街角』（毎日新聞出版）に掲載した物件とだぶるものも少しございますが、ゲストの方々に執筆していただいたものだったので、今回改めて個人的な思いでまとめました。

重ね亀甲、麻の葉、網代、七宝、青海波と五種もの和柄文様があしらわれた贅沢すぎる銅板葺（海老原商店／大戦間時代）

目次

戦後昭和

時層堆積街

収録物件地図

江戸時代

1 玉川上水余水吐（P8）
2 吉原遊廓（P16）
3 高尾稲荷神社（P26）
4 千駄ヶ谷富士（P32）
5 深川江戸資料館（P41）
C1 妙見島（P47）

明治時代

6 寄木神社（P52）
7 神谷バー（P60）
C2 貧民窟（P67）
a 四谷鮫河橋
b 下谷万年町
c 浜新網町
d 内藤新宿南町

大戦間時代

8 鶴見線（P72）
9 海老原商店（P80）
10 元町公園（P88）
11 多寶山成願寺（P95）
C3 大戦間時代の建築（P100）
a 高輪消防署二本榎出張所
b 自由学園明日館
c 山の上ホテル
d 深川東京モダン館（旧深川食堂）

戦後昭和

12 下総屋食堂（P106）
13 中野新仲見世商店街（P110）
14 新宿センター街（P116）
15 中銀カプセルタワービル（P123）
C4 五目そば（P129）
a 生駒軒
b 昌久
c すがも園
d 大吉
e 長寿庵

時層堆積街

16 品川（P134）
17 佃（P142）
18 三ノ輪（P150）
19 雑司が谷（P158）
20 代々木公園（P166）

江戸時代

百万の人口を数え、世界一の大都市だった江戸
経済成長がほとんどなかったといわれる江戸の街で花開いた
独自の技術や爛熟した文化の香りを追跡します

大都会新宿に忽然と現れる秘境!?

玉川上水余水吐

世界一の規模を誇る繁華街・新宿。
その東の外れにおよそ新宿とは思えない、
うっそうと茂る木々に囲まれた秘境が眠っています。
江戸時代のインフラ「玉川上水」から分水していた
「余水吐《よすいばき》」の跡。
余水吐とはいったいどんなものだったのでしょうか。

内藤新宿

余水吐のスタート地点である四谷大木戸は、現在の四谷四丁目の交差点付近。江戸開幕後ほどなくして開設された見附（検問所）があった場所で、道の両側に石垣を築いて門を設置し、甲州街道から江戸市中へ入る人馬や物品を改めていました。

江戸の中期になって、四谷大木戸から追分《おいわけ》（現・新宿三丁目交差点付近）にかけて造られた宿場町が内藤新宿です。宿場には多くの旅籠茶屋が並び、特に飯盛女《めしもりおんな》（遊女）を大勢抱える岡場所《おかばしょ》として栄えたことは、現在の新宿のルーツといえるでしょう。

内藤新宿の名は、のちに触れる内藤家の下屋敷（現・新宿御苑）があった場所だったこと、そしてそれまで小規模な人馬の休憩所にすぎなかった内藤宿に対し、新しい本格的な宿場という意味あいで命名されたといわれています。

玉川上水と四谷大木戸

そんな宿場町と武家屋敷の間を流れていたのが玉川上水でした。江戸市中の急増する人口に対応すべく、幕府の命によって玉川兄弟こと庄右衛門と清右衛門が造営を請け負ったとされる玉川上水は、東京の羽村市から約43キロの掘割《ほりわり》を流れ、四谷大木戸から地下水道となって江戸市中を潤していました。その最後の掘割区間がこの場所です。

地下水道は、まず「石樋《いしどい》（せきひ）」とよばれる石製の太い水道管で虎ノ門まで通水し、その後は「木樋《きどい》（もくひ）」とよばれる木製の水道管で主に江戸城内および四谷を中心とした城西地区へ水を供給していました。地下鉄工事などの掘削作業にともない、１９５７（昭和32）年にこれらの樋が発見されたことによって、玉川上水地下水道の全貌が初めて明らかになったといわれています。

地下水道へ入る直前には水門が造られ、水量や水質の管理を行う水番小屋がありました。『江戸切絵図』を見ると、この水番小屋を「玉川御上水御改場」と記しているので、上水の水が基本的には江戸城のためのものだったことがうかがえます。

水門の手前には「芥留《あくたどめ》」と呼ばれるゴミの選り分け装置を備え、常に江戸市中への水質を管理していました。宿場に近いことから、馬の糞尿が流れ込むのを監視したり、宿場の遊女となさぬ仲になった男女の身投げなども警戒していたようです。

　ちなみに当時はろ過や消毒といった処理はなく、原水のまま市中へ送水していました。現代から考えると想像しがたいですが、流域の村には、水質管理のための厳しい規制がかけられていたので、それなりに綺麗な水だったのでしょう。

余水吐とは

　そして芥留の手前には、増水時に余った水を分水する「吐水門」があり、その先に渋谷川へ落水する水路が造られていました。これが玉川上水の「余水吐」です。四谷大木戸から分水して、現在の千駄ヶ谷一丁目付近で渋谷川へ落水する、約1キロの人工水路でした。

　やがて明治に入り、1898（明治31）年に淀橋浄水場が開設されると、それにともなって鉄管による送水システムが完成し、その三年後に、江戸から東京を潤

『四谷大木戸水番屋構之図』（国立公文書館蔵）右上が余水吐へ落水する吐水門、その左下が芥留

してきた玉川上水はその役目を終えます。

　その後も長い間、玉川上水の掘割や余水吐は遺っていましたが、昭和時代の中頃に暗渠《あんきょ》（蓋をされた川）化。さらに余水吐の北端付近は、新宿御苑トンネルの完成にともなって失われてしまいました。

　余水吐を転用した暗渠には、2メートル四方の鉄筋コンクリートの下水道が埋設され、都の下水道局が管理する千駄ヶ谷幹線として、雨水をはじめとした天水の流路となっています。四谷四丁目の交差点にほど近い四谷区民ホール（新宿区内藤町）の脇には「四谷大木戸跡碑」と「水道碑記《すいどうのいしぶみのき》」が記念碑として立っています。四谷大木戸跡の碑は、1959（昭和34）年、地下鉄丸ノ内線の工事の際に出土した石樋の蓋をもとに造られたものでした。

右）玉川上水で使われていた石樋を再利用して造られた四谷大木戸跡碑
左）玉川上水開削の由来を記した1895（明治28）年建立の水道碑記

余水吐の跡を辿る

それでは、余水吐の水路跡を辿ってみましょう。余水吐の跡は、新宿御苑トンネルの南側から始まります。金網の張られたスタート地点から少し迂回し、路地の突き当たりにある凝灰岩製の階段を降り立ったところが余水吐の水路跡。新宿御苑の深い木々に覆われて昼なお暗い水路跡は、新宿とは思えない静寂に包まれ、まるで電車を乗り継いで訪れる秘境のようでもあります（トップ見開き）。

ほどなく進むと水路跡は急峻な下り坂になり、その手前に一対の石柱があります。内側に溝を持つ倹飩《けんどん》状の構造から、板を差し込んで水量を調節する堰柱《せきちゅう》だったのではないでしょうか。暗渠化の際にわざわざ遺した理由はわかりませんが、貴重な遺構といえるでしょう。

坂を下ると緩やかな傾斜が続き、個人住宅や集合住宅の裏手を蛇行しながら、やがて大きく東（左）へ曲がって外苑西通りへと突き当たります。

余談になりますが、１８８７（明治20）年に、佐賀藩出身の眞崎《まさき》仁六《にろく》（１８４８～１９２５）氏が、この付近の水流を利用した水車を動力に、眞崎鉛筆製造所を開業。品川へ移転する１９１６（大正５）年までの三十年間、鉛筆を製造していました。これが国内最大手の鉛筆メーカー三菱鉛筆の前身です。

また、眞崎鉛筆の工場からさらに南下し、余水吐が外苑西通りと交わる付近が、沖田総司終焉の地。余命いくばく

外苑西通り（画像上方）沿いに遺る、ガードレールで塞がれた隧道の跡

検鈍の構造が見て取れる堰柱跡

かつての眞崎鉛筆の工場
（新宿区教育委員会の説明板より）

もなくなった沖田総司は、ここに居を構えていた植木屋、柴田平五郎の納屋で天寿を全うしたと伝わります。

　ところで、明治時代の地図を見ると、この付近で新宿御苑の池から流れ出た水流が合流するように描かれているので、少し新宿御苑の池に関しても触れておきましょう。

玉藻池と余水吐

　四谷四丁目交差点の南西一帯に広がる新宿御苑の起源は、江戸時代前夜にさかのぼります。豊臣秀吉から関八州を与えられた徳川家康が江戸城入城の際、城西の軍備を託した高遠《たかとお》藩《はん》内藤《ないとう》清成《きよなり》の武家屋敷が、その始まりです。

　新宿御苑の大木戸門から入ってすぐのところにある「玉《たま》藻池《もいけ》」は、余水吐の水を利用して造られた内藤家の庭園「玉川園」の人工池でした。周囲の風景は激変したようですが、中央にある島とともに池自体は当時の面影を遺しています。

　前述の堰柱付近に分水口を設け、玉藻池の北端へ水を引いていたそうで、現在でも当時と同じ場所から水が渾々と玉藻池へ流れ込んでいます。残念ながら、現在の引水は余水吐の水ではなく、おもに周囲に集まる雨水などの天水を再利用したもの。それでも悠久の時を超えて現存する武家屋敷の池を見られるのは、とても貴重な体験といえるでしょう。

　また、池の南端にはコンクリート製の暗渠が造られ、そこから流れ出した水が新宿御苑の地下を抜け、外苑西通り付近で余水吐の暗渠と合流しています。

余水吐から引水して造られた内藤家下屋敷の玉藻池

渋谷川へ落水

　玉藻池の落水を合流した余水吐は、外苑西通りに突き当たった地点で南（右）へ曲がり、ほんの短い隧道《すいどう》（トンネル）を越えたあと、外苑西通りの下を斜めに横断して道の反対側へと続いていました。道の両側には役目を終えた池尻橋跡が今も遺っています。

　その先は、いくつかの雑居ビルの裏から新宿区立四谷第六小学校（同区大京町）の敷地を通過し、外苑西通りと信濃町を結ぶバイパス道路と交差して、暗渠を公園化した「大番児童遊園」へと繋がります。公園に設置された動物オブジェはかなりリアルな造りで、特にベージュのゾウなどは体表のシワまで細かく表現された渾身の一品。動物オブジェの公園好きな方は、一度訪れてみてはいかがでしょうか。

　そして児童遊園を越えるとＪＲ中央線・総武線の土手に突き当たりますが、その下部にはかつて水路が流れていた隧道の成れの果てを見ることができます。レンガで巻かれた土手の下方に見える土中に埋もれたコンクリの構造物。これこそ、かつて水路が通っていた隧道の上部です。

　同時にこの地点は、新宿駅南口からほど近い天龍寺境内の湧水、および新宿御苑の中央に横たわる、元々は玉川上水の引水によって造られ、現在は天水の集積によって水を湛える上《かみ》の池、中の池、下《しも》の池の三つの池を水源とする渋谷川の流路でもあり、余水吐はここで渋谷川へ落水していました。余水吐を飲み込んだ渋谷川はＪＲの下を通って新国立競技場に沿いながらやがて原宿へと流れ、渋谷駅の下から水面を現します。

時層を紐解くこと

もう十年以上も前になりますが、たまたま江戸時代の地図を見ていて「余水吐」の文字を発見し、どんなものかと興味がわいたのを思い出します。そして、昼なお暗い茂みに水路跡を見つけた時は、更新し続ける東京に遺っている江戸に驚き、同時に玉川上水を知るきっかけともなりました。

徳川家康の統治以来、市中に増える住民に対応すべく造られた上水。神田上水に次いで二番目に造られた玉川上水は、当時世界でも最先端の上水技術だったといいます。その後、神田上水にも助水しながら、近年まで東京に水を供給し続けたのが玉川上水です。

以前は消毒液の臭いがきつかった東京の水道水も、2013（平成25）年に普及した高度な浄水処理によってカルキ臭さもなくなり、今ではペットボトルで売られるほどの水道水になりました。その原点が玉川上水であり、良きにつけ悪しきにつけ今日のインフラ大国ニッポンの嚆矢《こうし》の一つともいえるでしょう。街に遺る時層を紐解くと、そこには知られざる記憶がたくさん眠っていることに気付かされます。

JRの土手の下を通過していた余水吐の隧道跡。下部コンクリートの下に埋没

玉川上水余水吐　新宿区内藤町／大京町

【関連情報】

新宿御苑　新宿区内藤町11

護本山 天龍寺　新宿区新宿4-3-19

三百年続いた国内最大の色街

吉原遊廓

江戸時代から三百年、
国内最大の規模を誇った色街「吉原遊廓」。
公許の色街に幕を閉じて六十余年、
今も国内有数のソープランドエリアとして栄える吉原に、
赤線跡の面影と遊廓の悲しい歴史を辿ります。

遊廓

およそ性産業にまつわる表現ほど、バラエティに富んだものはないでしょう。エリアや店を表す言葉一つをとってみても、遊廓を筆頭に、女郎屋《じょろうや》、遊女屋《ゆうじょや》、妓楼《ぎろう》、岡場所《おかばしょ》、飯盛《めしもり》旅籠《はたご》、私娼窟、娼館、銘酒屋《めいしゃ》、赤線、青線、特飲店……時代とともに変化しながら、じつにさまざまないいまわしがあります。

特に遊廓は、本来遊廓でないものも、遊廓といってしまうくらい普及した言葉だと思います。江戸に遊廓は吉原の一カ所だけでしたが、品川や千住、そして内藤新宿など、さらに国内のあまたある宿場町で発展した岡場所を、多くの人は遊廓といいます。また、エリアではなく、店舗のことを遊廓と表現することさえあるほどです。

遊廓は、基本的に公許の妓楼が集まって、塀で囲われた場所をさし、それ以外は遊廓ではなく、岡場所として区別されていました。遊廓は幕府の大きな財源の一つだったので、料金も高く、さまざまなしきたりや厳しい規則があります。それに反して、主に宿場町で発達した岡場所は、低廉で庶民的な親しみやすさがあり、遊廓より繁盛した岡場所も数知れずありました。

遊廓の変遷

明治になって「人権」という言葉が西洋から入ってくると、人身売買を基本とした遊廓も１９７２（明治５）年の「芸娼妓解放令」でいったん解体されますが、あっという間に私娼が溢れかえったため、人身売買をしない前提のもと、ほぼ江戸時代と変わらない妓楼が「貸座敷」と名を変えて存続しました。

ただし、非公認のものに関しては、江戸時代と違って、取締りも厳しく行われたようです。この頃、非公認の店が集まったエリアを私娼窟といい、「銘酒屋」の看板を出して営業したのは、取締りの厳しさへの苦肉の策だったのでしょう。

戦後、敗戦国となった日本政府は「日本女性の貞操を守る」べく、米兵相手の慰安婦を募り、慰安施設を各地に設置する法案を早々に通過させました。これが「性の防波堤」とよばれた「特殊慰安施設協会（レクリエーション・アンド・アミューズメント・アソシエーション）」、略して「ＲＡＡ」です。

しかし、国家ぐるみで行われた大慰安施設構想も、結局貞操を守ることはあまりできず、翌年の春にマッカーサーの指示のもと、解体されます。

ＲＡＡが解体され、進駐軍が訪れてはいけない「オフリミット」の場所になると、娼館は「特飲店」として営業を続け、特飲店が集まった地域を「赤線」、その周囲でかつての岡場所のような営業をする店が集まった地域を「青線」とよびました。

本来、ＲＡＡの撤廃にあわせて売春防止法もすぐに発布されてよかったはずですが、幾多の否決を繰り返しながら、やっと成立したのが１９５６（昭和31）年のこと。その二年後に完全実施され、長い遊女の歴史に（表向き）幕がおろされました。

吉原を歩く

そんな色街の歴史を全て通過してきたのが、国内で最大の規模を誇った新吉原遊廓です。「新」というのは、人形町界隈にあった元来の吉原が移転しての名称で、一般的にはこの新吉原を吉原遊廓としています。

現在の「吉原大門《おおもん》」交差点の光景は、その昔、誰もが想像しなかったものでしょう。大門のある旧・日本堤通りは別名吉原土手ともよばれ、吉原の北西に位置する三ノ輪橋付近を越えてきた音無川が流れていました。現在、川筋は埋設され、土手通りにその名残をとどめるばかりです。

交差点に店を構える明治創業の二つの料理店「桜なべ中江」と「土手の伊勢屋」は、いずれも登楼《とうろう》前の勢力付けに、また廓《くるわ》帰りの食事処として繁盛した馬肉と天ぷらを供する老舗。風格ある店構えに、か

現在の吉原大門の交差点

大門交差点の道向かいに並ぶ、桜なべ中江（中）と土手の伊勢屋（右）

上）六代目になる見返り柳
下）かつての大門から眺める吉原。タクシーや送迎車がひっきりなしに往来する

つての吉原の繁栄を感じます。

そして、これらの店の裏手に広がる一帯が、戦後に東京一のドヤ街として発展した山谷です。色街とドヤ街……男女の苦界を隣接地にまとめるのは、大阪の飛田新地と西成にも通じるのではないでしょうか。

大門の信号の真下には、廓を後にする際に振り返って思いを馳せた「見返り柳」が風に揺らぎます。現在の柳は遊廓当時から数えて六代目とか。樋口一葉の名作「たけくらべ」の冒頭にも登場する名所です。

見返り柳を横目に、土手通りと吉原を結ぶ、緩やかなS字カーブを描く道が「五十間道《ごじっけんどう》」。カーブを描いているのは、大通りから吉原が直接見えないための奉行所からの指導ともいわれますが、本当の理由はわかっていません。そして道のカーブが終わる付近が、ほんとうの大門があった場所です。

唯一遺る江戸時代の記憶

大門の手前を右に曲がってしばらく行くと、江戸時代の吉原を伝える唯一の遺構が見えてきます。数段の階段の横に積まれた石垣、その最下段にある黒っぽい石が、かつての「お歯黒溝《はぐろどぶ》」の石積みの跡。

遊廓の周囲には石垣で造られた幅9メートルほどの溝があり、遊女たちが歯を染めた残り墨を流して、いつも真っ黒だったことからお歯黒の溝といわれます。映画などに登場する遊女の歯は真っ白ですが、それはあくまでも映像映えを考慮しての脚色で、実際には真っ黒でした。

溝は、遊女たちが廓からたやすく出られないようにするためのもので、廓の外へ出る場合は通行許可証が必要でした。ただしこれは吉原の風習で、京都の島原遊廓などでは、わりと自由だったといいます。

江戸時代の遊廓を今に伝えるお歯黒溝の石積み

吉原再興の立役者「角海老楼」と花魁

石垣を上った道の先にある大名屋敷のような建物が、老舗のソープランド「角海老《かどえび》」です。角海老は、ソープランドのみならず、宝石商などを手広く営むグループ企業で、ボクシング・ジムでその名を知る方も多いことでしょう。そして角海老の屋号は、明治時代に吉原にあった大妓楼「角海老楼」に由来します。

花魁道中へ出る前の角海老楼。左下の提灯や法被の襟に角海老の文字が見える

角海老楼は、吉原のメイン・ストリート沿いにあり、木造三階建てで屋根に時計塔をのせた、豪奢な妓楼でした。娼妓解放令以来勢いを失っていた吉原に、次々と新しいイベントを打ち立てて隆盛を取り戻した立役者が角海老楼です。花魁道中を最初におこなったのも角海老楼でした。

ちなみに、位の高い遊女を花魁とよぶのは吉原特有のもので、花魁の世話をする禿《かむろ》や新造《しんぞう》が、「おいらんところの〇〇が」と言ったのが転じて、おいらん（花魁）になったといわれます。ただし、花魁は江戸時代後期のよび方で、それまでは「太夫《たゆう》」が使われました。

現在の角海老は、角海老楼の屋号を継承しただけですが、そのおかげで、吉原にその名を馳せた大妓楼の記憶が、時を越えて現代に残ったといえるでしょう。

江戸時代の区画が遺る吉原

現在の吉原の最大の特徴は、江戸時代からの区画がほぼそのままの形で遺っていることです。中央を貫く仲之町《なかのちょう》通りと、それに直角に交差する形で、大門寄りに江戸町《えどちょう》、中央に揚屋町《あげやちょう》と角町《すみちょう》、大門とは反対側の「水道尻《すいどうじり》」寄りに京町《きょうまち》の三筋がありました。現在でもこれらの通り名は、そのまま使われています。

地図を見ておわかりのとおり、碁盤状に造られた区画が方位に対してきっちり四十五度傾いていますが、これは北枕にならないための措置といわれます。

仲之町通りの道沿いには、客と遊女が顔合わせをしながら食事をする「待合茶屋《まちあいぢゃや》」が軒を連ねました。今でいえば同伴前のレストランといったところでしょうか。特に位の高い遊女と過ごすには、この待合茶屋で少なくとも三度は、贅沢な食事をしなければなりませんでした。

しかしそれはごく一部の財力のある客の話で、ほとんどの客は直接店へ行き、妓楼の一階にしつらえられた格子の中で待機する遊女を選び、店へあがります。この格子越しに遊女が待機することを「張見世《はりみせ》」といい、遊女を選ぶことを「見立て」といいました。

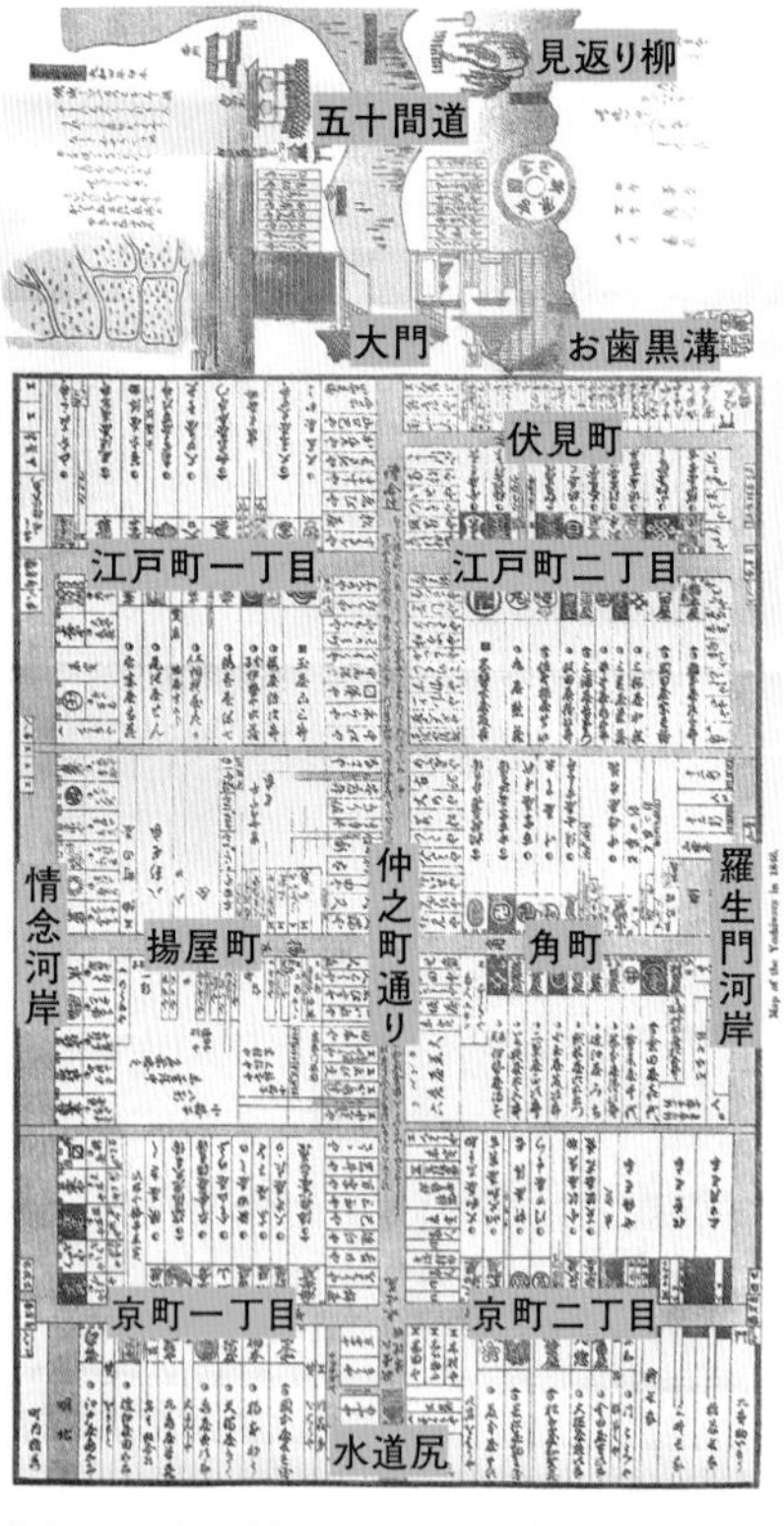

幕末の頃の吉原（主要な箇所に加筆）

また、揚屋町の「揚屋」とは料亭のことで、直接妓楼へ出向くのをはばかるお客が、太夫や花魁を呼んで遊興した店をさします。遊廓の中で、もっとも値が張る遊び場でしたが、江戸の中頃になると度が過ぎて幕府から自粛要請が出され、その後は妓楼を補修したり、待合で使う調度などを売る職人が住むエリアとなっていきました。

そして三筋の両端、すなわち廓の北西面と南東面に沿って建ち並んだのが「河岸見世《かしみせ》」とよばれた妓楼です。遊女の奉公明けは二十七歳前後で、まれに里帰りする者もいましたが、その多くは性病を患いながら、この河岸見世で生涯を終えました。

北西側を「情念河岸」、南東側を「羅生門河岸」とよび、特に羅生門河岸は、客がひとたび通りを歩こうものなら、袖をつかんで二度と離さなかったことからその名がついたといわれます。吉原の苦界をもっとも象徴する場所といえるでしょう。これら河岸見世も、もちろん建屋は遺っていませんが、細長い区画はいまでもそのままです。

今も遺る赤線時代の娼館群

そして、主要な三筋のほかに、南東隅の伏見町というエリアに、戦後の赤線時代を伝える娼館がひっそりと遺っています。

一見、普通の木造モルタルアパートのように見えますが、近づいて見ると建物のコーナーが丸みを帯び、壁面にもカーブを描く段差があしらわれています。このちょっと風変わりな外装の建物が、赤線の時代に特飲店として営業していた「プリンセス」の転用アパート「岩渕荘」です。

このように、外装に装飾的なアクセントを施した建物を「カフェー建築」といい、警察が巡回の際、一般の家屋と

赤線時代の特飲店だったプリンセス跡

すぐに見分けられる目的で造られたものでした。お客が鉢合わせしないよう、出入口が数カ所あるのも特徴です。

そのほか、壁面の装飾がハートともワイングラスともYゾーンとも見える「ゆうらく」跡や、寿司屋に転業した「マスミ」など、娼館跡とわかる建物がいくつか散見し、中には現役のソープとして使われている建屋もあります。

それにしても、青線ならいざしらず、かつての大遊廓だった新吉原でもこの安普請は、戦後いかに物資がなかったかを物語るものでしょう。

赤線時代の特飲店だったゆうらく跡

花園（弁天）池

吉原の最奥、水道尻の外には、関東大震災のおり、４９０人の遊女が飛び込んで溺死した悲劇の霊場、花園池（弁天池）がありました。池は昭和三十年代に埋設されましたが、池畔にあった弁財天と、池中島にあった吉原観音（トップ見開き）は、すこし移動して遺っています。

観音像は、震災犠牲者を回向して、１９２６（大正15）年に建立されたもの。作家で僧侶の家田荘子は、二十余年の間、毎月慰霊のために訪れているといいます。

境内の奥にある吉原弁財天の祠は、近年、遊廓を彷彿とさせるきらびやかな外観に改装されました。芸大をはじめ都内にある美大の学生さんたちによる、壁面に描かれた極彩色の天女画も、苦しみの生涯だったであろう遊女たちにとっては、とても嬉しいのではないでしょうか。

弁財天の前にモニュメントとして造られた、申し訳程度の弁天池には、そんな歴史を知る由もない鯉が泳ぐばかりです。

近年きらびやかに改装された吉原弁天祠

特に吉原は、流行をはじめとした風俗・文化の発信地でしたが、それはたくさんの悲しみをともなった徒花でもあったと思います。さまざまな問題をかかえる現代社会。しかし、吉原を訪れるたびに、多くの不平不満が感謝の気持ちへと変わっていくのを感じざるをえません。

弁天祠の壁面に描かれた東京の美大生による天女図

吉原遊廓跡
台東区千束4丁目

【関連情報】
桜なべ中江　050-5571-4359
土手の伊勢屋　050-5592-1215

都内で唯一、髑髏を祀る神社

高尾稲荷神社

国内に十万余ともいわれる神社。
三種の神器をはじめ、山や御神木などの自然物や
実在の人物を祀ることが多い中、
そのご神体は、頭蓋骨を祀るという
とても珍しい神社が日本橋にあります。
国内でもまれにみる髑髏《どくろ》を祀る「高尾稲荷神社」とは、
どういう神社なのでしょうか。

高尾稲荷
高尾稲荷神社
高尾稲荷神社
奉納

日本橋といっても南西の外れ、隣接して隅田川が流れる日本橋箱崎町に、その神社はあります。狭い境内で、宮司さんが常駐する規模のものではありません。小さな社と鳥居、それに手水鉢《ちょうずばち》だけの、こぢんまりとした神社です。

この神社に、かつて江戸時代、吉原遊廓でその名をはせた遊女、二代目高尾太夫《だゆう》の髑髏が御神体として祀られているといいます。

併設された解説板によると、操を立てた意中の人がいたため、身請けされた仙台藩主・伊達綱宗侯を拒み続けた結果、隅田川の船上で縛り上げられ惨殺。その亡骸が流れ着き、近隣の僧侶が供養したことに由来する、とあります。そもそも、高尾大夫とは、どういう人物だったのでしょうか。

下野国から江戸の妓楼へ

下野国《しもつけのくに》の塩原村（現在の塩原温泉付近）で生まれた高尾大夫は、その名を「みよ（１６４１〜１６６０）」といい、生家は百姓だったといいます。幼い頃に両親を亡くし、親戚筋に引き取られてからは、朝から晩まで葉っぱの跡が付いた川底の石を「葉っぱ石」といって売るなどして、食いぶちを稼いでいました。

ある日、温泉宿へ売りに行くと、羽振りの良さそうな夫婦が滞在していたので、葉っぱ石を買ってもらおうとお願いしました。この夫婦こそ、後にみよを高尾太夫に育てる、妓楼《ぎろう》「三浦屋」の四郎左衛門とその妻のお秀だったのです。

四郎左衛門はみよの器量の良さに惚れ込み、孤児の事情を聞いて、養女の話を持ちかけます。親戚筋も二つ返事で承諾し、みよは四郎左衛門夫婦とともに江戸へ行くことになりました。

吉原遊廓がまだ日本橋の人形町界隈にあった時代、三浦屋はその中でもっとも名の知れた大妓楼でした。みよは、三浦屋で芸事から学問までさまざまな教育を受けることになりますが、これは、みよを遊女にするためではなく、三浦屋を切り盛りするおかみになってもらうためだったといわれています。

吉原のスーパースターに

ときは１６５７（明暦３）年、江戸市中に広がった大火は瞬く間に吉原遊廓も焼き尽くし、さらに火事の後、日本橋での再建が認められず、吉原は浅草北方の湿地帯への移転を余儀なくされました。これが、その後三百年続く新吉原の始まりです。

四郎左衛門は方々から借金をしてようやく妓楼を再建し、新天地での営業を始めるものの、大火の後の江戸は疲弊しきって妓楼遊びをする者も少なく、商売は右肩下がり、借金取りも頻繁に来るようになったそうです。

そんな様子を見兼ねたみよは、これまでの恩返しにと、遊女になることを申し出ます。当初、四郎左衛門は反対しますが、みよの熱意にほだされ、遊女になることを承諾しました。

寛永の頃に引退して尼となった初代高尾の名を継いで二代目高尾とし、さらに才色兼備だったことから、いきなり太夫《たゆう》としてデビューさせることにしました。

一般的に遊女は、禿《かむろ》や新造《しんぞう》の見習いを経てようやく一人前になり、さらに多くは端女郎《はしじょろう》で勤めを終えます。遊女の最高格である太夫になれるのはほんの一握りでした。

しかし、高尾は見事にその大役を果たして、一躍吉原にその名をとどろかせます。万治元年の花魁道中では、絵から抜け出たほどに美しいと評され、その名声は後に、京都島原の吉野太夫、大阪新町の夕霧太夫とともに、三名妓といわれるほどでした。


三浦屋は瞬く間に経営を立て直し、さらに高尾のおかげで大繁盛。高尾が相手にした大名の中でも、特に仙台藩主の伊達綱宗侯は高尾を寵愛し、たびたび身請けを申し出ました。しかし、高尾には心に秘めた相手がいたことから、かたくなに拒み続けたといわれています。

遊女としては幸せな末期

人気絶頂の高尾でしたが、毎夜の仕事は十八歳の体にこたえ、ある日肺結核の診断を受けます。四郎左衛門は、新

「万治高尾」（歌川国貞『古今名婦傳』国立国会図書館蔵）

吉原に隣接する浅草山谷《さんや》にある三浦屋の別荘へ移して療養させますが、ときすでに遅し。別荘に移ってから三カ月ほどで、高尾は帰らぬ人となりました。享年十九歳。

高尾太夫の髑髏を祀っているとされる神殿

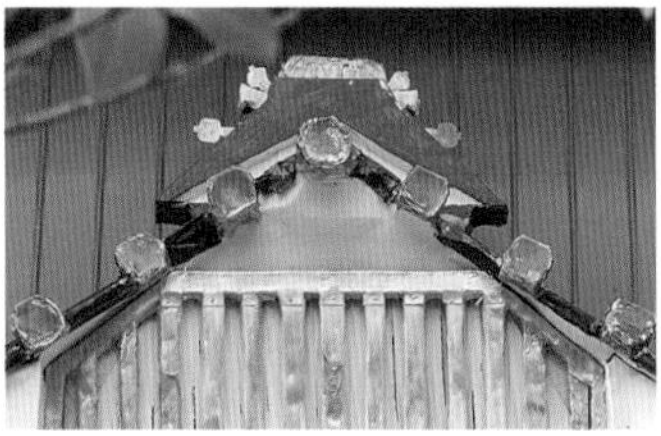

付け屋根のてっぺんにしつらえられた簪の飾り。ただし、万治高尾の頃の太夫は簪を付けていませんでした

深い悲しみに包まれた四郎左衛門は、吉原の北東に隣接する日本堤の「春慶院」こと覚道寺（台東区東浅草）で盛大な葬式をあげ、墓も建立しました。さらに一周忌も執り行い、同じ浄土宗で、日本堤の南にある西方寺（関東大震災後に豊島区西巣鴨へ遷座）に供養塚も寄進したほどでした。

当時、遊女は自分の墓を建てることができず、多くは近隣の投げ込み寺といわれた寺で、遊女たちの集合墓に埋葬されるのが通例でした。四郎左衛門の寵愛がうかがえるエピソードだと思います。

二代目高尾太夫は、その短い遊女の時代が万治年間だったことから「万治高尾」といわれ、また伊達綱宗の話にちなんで「仙台高尾」ともよばれて、現在も人々に語り継がれています。

伝説から生まれた神社

これが、一応史実とされているストーリーの一つですが、当時の正確な記録がないために、例えば墓所一つをとりあげても、春慶院のものは後年に仙台藩が建てたものであるとか、西方寺では、関東大震災後の遷座の際、掘り返した墓に高尾のものと思われる骨があったとか、そのほか諸説は現在も解決をみていません。さらに、華々しくもはかなく散った高尾は、その後多くの物語となり、さらに口伝や巷説によってときとともに脚色されていったことも多く、現時点でどこまでが史実なのか、不明な点も多いといいます。

そして、これら巷説の中でも広く知られるのが、身請けの申し出に応えない高尾に対してしびれを切らした伊達綱宗侯が、隅田川の船上で高尾を縛り上げて惨殺したというもの。

高尾稲荷神社はこの巷説を基にした、いわば架空の御神体を祀った神社でした。世に噂がひとり歩きし、その伝説が基となって神格化されることは多々あります。この髑髏神社もご多分にもれず、伝説から生まれた神社といえるでしょう。

それは同時に、二代目高尾太夫が、神格化されるほど江戸の世に知れ渡り、同時に人気があったことを物語るものだと思います。

なお、高尾稲荷神社は常時参拝可能、覚道寺と西方寺も、開門時間中は掃苔が可能です。全盛期はほんの一年しかなかった短命の高尾太夫。華々しく散った江戸の太夫に思いを馳せながら参拝してみるのはいかがでしょうか。

弘願山西方寺にある、崩壊がかなり進行してしまった高尾の墓とされる地蔵尊。左奥には高尾塚もある。左手前の招き猫は、三浦屋の薄雲太夫が飼っていたとされる猫

月光山覚道寺にある、二代目高尾太夫のものとされる墓。暮石の側面には辞世の句「寒風にもろくもつくる紅葉かな」が彫られている

高尾稲荷神社　中央区日本橋箱崎町10-7

【関連情報】

月光山 春慶院 覚道寺　台東区東浅草2-14-1

弘願山 専称院 西方寺　豊島区西巣鴨4-8-42

江戸時代のヴァーチャル・テーマパーク

千駄ケ谷富士

JR千駄ヶ谷駅から南へ徒歩五分。
将棋の神様で知られる鳩森八幡神社の境内の一角に、
高さ約5メートルの円錐形の山があります。
かつて江戸の町にあまたあった富士塚の一つ「千駄ヶ谷富士」。
都会の中に忽然と現れる富士山、富士塚とはなんでしょうか？

富士塚とは

江戸時代、信仰とともに庶民の間に浸透し、たくさんの人が詣で、縁日で賑わいながらも、大正時代以降急速に衰退してしまった富士塚は、もともと霊峰富士への信仰から生まれたものでした。同時に、富士山へ登りたくてもなかなか行けなかった時代の、手軽な疑似登山の役割も担っていたようです。

疑似登山というだけあって、ただ富士山のような形に造るだけではなく、盛り上げた土の表面には、実際の富士山から運んだ黒ボク（溶岩）をあしらい、山頂や山麓には浅《せん》間《げん》神社を奉り、また一合目から順に合数を表示するなど、いわば富士山をミニチュアで再現したのが富士塚です。

山嶽信仰

では、なぜ富士山を模造した富士塚が関東一円を中心に、たくさん築山されたのでしょうか。どうやらそこには日本人と山の深い関係があるようです。

古来日本には山そのものを神として崇める風習があり、特に平地から見てひときわそそり立っている山は、富士山に限らず神として敬われてきました。

そしてこの山を崇拝する山岳信仰が、神道や仏教、はては道教などと習合して、奈良時代に役行者《えんのぎょうじゃ》によって宗教として確立されたのが修験道《しゅげんどう》、そしてその教えを実践するのが、時代劇などでもときどき耳にする山伏《やまぶし》です。

山伏は日夜霊山にこもって修行（といっても一日中、山の中を何十キロも歩いたりするだけみたいですが）を積み、法力を身につけては、不治の病を治したり、なくなったものを見つけたりする超能力者になったそうです。ちなみに、山中での修行によって神になるのは、道教の媽祖《まそ》なども同じで、道教が修験道のルーツの一つだったことがわかります。

富士信仰

霊峰富士は、古《いにしえ》の時代より特に霊験あらたかな山として、遥拝《ようはい》（神仏などを遠く離れた所から拝むこと）の対象とされてきました。各地の霊峰とは別に、富士山への信仰が成り立つきっかけは、戦国時代の修験者・角行《かくぎょう》（１５４１〜１６４６）によってと伝えられます。

角行も、富士山中で修行を積み、法力を身につけた一人でした。実際に不治の病を治したことから、角行の霊験にあやかろうと、角行と富士山を信仰する民間の集まりが徐々に広がっていくことになります。江戸時代に入って富士山を崇拝する人々が集まり、角行を開祖として結成された講社（信仰を元にした会合組織）が「富士講」です。

その後、角行の六代目（数え方によっては五代目）の弟子にあたる食行身禄《じきぎょうみろく》（１６７１～１７３３）が、「生類憐れみの令」や米飢饉の救済のために、富士山の七合付近にあった烏帽子《えぼし》岩の近くで三十一日の断食の末、１７３３（享保18）年に入定《にゅうじょう》しました。

身禄は勤労を奨励すると同時に、性差・身分差の協調や世直しの必要性など、封建時代の当時としてはとても柔軟な思想の持ち主だったようです。富士山登拝に必要とされた百日精進も、五徳（正直・慈愛・愛隣・知足・堪忍）を守れば行わずとも登山してよし、という教えが広く受け入れられ、身禄の入定後、富士山へ登拝する人が爆発的に増加しました。

身禄は、いわば富士講をブレイクさせた人物というわけです。その後富士講は増え続け、江戸の後期には「お江戸八百八講」といわれるほどだったといいます。

『江戸名所図会』（国立国会図書館蔵）に描かれた千駄ヶ谷富士と八幡宮。中央やや右上に「富士」の文字が見える

富士塚の誕生

記録に残る日本で一番古い富士塚は、１７７９（安永８）年に、身禄の直弟子といわれる造園師だった日行青山《にちぎょうせいざん》こと藤四郎（１７０６～１７８２）が、早稲田大学に隣接した高田稲荷の境内に築いた「高田富士」と伝わります。

これは身禄追悼のためになにか形に遺るものを、と思った藤四郎が得意の造園技術を生かし、富士山の黒ボクを山肌に貼り付けるなどして造ったもので、こうしてできあがった富士塚は「駿河の富士に正写し」とまでいわれたとか。

当時は富士山に女性や子どもが登ることは禁じられていたので、それら婦女子や、体が弱い人、また経済的に恵まれない人など、富士山を信仰する気持ちがあっても実際に登れない人たちに、少しでも富士山の山肌を感じてもらおうという目的もあったようです。これが江戸で人気をよび、以降続々と江戸市中に富士塚が造られるようになりました。

移築された最古の富士塚高田富士は、毎年7月に一般公開される

残念ながら高田富士は、１９６３（昭和38）年の早大校舎拡張工事の際に取り壊され、現在は西早稲田へ遷座した高田稲荷（現・水稲荷神社）の横に移築されたものが遺るばかりです。

そして高田富士の次に築造されたのが、千駄ヶ谷を中心に活動していた烏帽子岩講が築いた千駄ヶ谷富士でした。築造碑によると関東大震災で原型をとどめないほど崩壊したものを修復したとありますが、築山当時の場所にほぼ当時の姿で遺る国内最古の富士塚です。

なお、千駄ヶ谷富士の築年に関しては、先の大戦の戦禍で、鳩森八幡神社にあった富士塚の資料が全て焼失してしまったため、ずっと謎に包まれていました。塚内の狛犬や灯籠などに刻まれた年号から、さまざまな説がとなえられましたが、今のところは高田富士から十年後の１７８９（寛政元）年で、現存最古という説が有力のようです。

千駄ヶ谷富士を登拝する

千駄ヶ谷富士は裾野の外周が約35メートル、南北約10メートル、東西約12～13メートルで、高さは約5メートル。これは都内を中心に関東一円に造られた数多くの富士塚の中では中庸な規模で、登山口はほぼ方位通りの四カ所にあり、上に登るに従って合流していく造りになっています。

正面（南向き）の登山口には唯一鳥居と狛犬が置かれ（トップ見開き）、その左右にある掘割が御清池です。これは富士山の北側に今も遺る富士五湖に加えて、明見湖《あすみのうみ》、志比礼湖《しびれのうみ》（四尾連や神秘麗とも）、泉津湖《せんづのうみ》（現在は水枯れ）の三つを加えた富士八海を模したもので、富士講徒が富士登拝の際に、一緒に巡礼した霊地を表しています。

富士塚築造のための盛り土を掘り出した跡を転用したもので、現在では随分浅く、水を湛えているのを見たことはありませんが、戦時中は池に入って戦火を逃れるほどの深さがあったようです。

西の登山口には、富士塚の中でもっとも大きな施設の浅間神社里宮があります。古来日本では高い火山の形容として「浅間」という言葉を使ってきました。実際、富士の裾野にも多くの浅間神社が祀られていて、この浅間神社里宮は、それらの神社を模して建立されたものです。

また東の登山口から登ると、五合目付近に「小御嶽《こみたけ》石尊《せきそん》大権現《だいごんげん》」の石碑があります。富士山にもある小御嶽神社は、五合目付近を反時計回りに巡礼する「御中道《おちゅうどう》巡り」の拠点として重要な場所。前述の千駄ヶ谷富士の築造年は、純粋に富士塚のためにしか造られることのないこの石碑の年号が決め手になったようです。

千駄ヶ谷富士の裾野にある浅間神社の本宮

裾野にある日本画家村瀬真紀氏による富士塚の図

築造年判別の決め手とされた小御嶽石尊大権現の石碑

北の登山口は、下山専用のルートなので登山口とはいわないかもしれませんが、現在は閉鎖されています。

　正面の登山口から登ると、程なくして五合目へ辿り着き、御中道巡りの道が左右に続きます。右には、烏帽子岩と、洞窟で入定した身禄の像があり、その先が小御嶽石尊大権現です。

　さらに正面の登山道を登ると、やがて頂上へ到着。頂上には黒ボクで囲まれた岩屋に小さな奥宮があり、周囲には金明池や銀明池、そして釈迦の割れ石など、実際の富士山のお鉢と同じ名所があしらわれています。

　富士講徒にとって富士塚は、登拝するのはもちろん、実際の富士山を拝む遥拝所としての役割も担っていました。塚によっては山頂に「遥拝所」の文字が刻まれた碑が立つところもあり、全ての富士塚はその山頂から富士山が見える場所に造られていたようです。しかし、千駄ヶ谷富士の山頂から見えるのは育

上）千駄ヶ谷富士中腹の岩屋に鎮座する身禄像。先の大戦で落ちていた首は1982年に修復された

下）黒ボクで囲まれた千駄ヶ谷富士山頂の奥宮

った樹木とその奥に建つビルだけ。令和の今、富士山を見ることはできません。

　これら富士山に実際ある名所を模したもの以外に、山中には実にさまざまな石碑が点在します。もっとも多いのは講の文字があしらわれたもので、千駄ヶ谷富士を築山した烏帽子岩講以外にも、いくつかの講名が確認できます。これは、親交のあった近隣の講から寄贈されたものや、失われた富士塚から移転されたもののようです。

　また、講碑以外で興味深いのは、御清池の左奥にある猪と鹿を供養した「猪鹿塚」。幕末の頃、徳川十二代将軍家慶の鹿狩りにお供をした武士たちが、下賜された獲物のエピソードを書に認め、碑文を作るのが流行りました。そんな心和む風習を今に伝える貴重なものですが、草に埋もれ、いささかぞんざいに扱われているのが残念です。

釈迦の割石も再現

千駄ヶ谷富士の山頂には、お鉢にある銀名水を再現

猪鹿狩りのエピソードを彫り込んだ猪鹿塚

関東大震災で崩壊した富士塚の修復記念碑に彫り込まれた烏帽子岩講のマーク

ヴァーチャル登山をヴァーチャル体験

講碑や猪鹿碑のほかにも大小さまざまな石碑がいたるところに点在していますが、これらの由来はほとんどわかっていません。鳩森神社の宮司によれば、おそらく近隣の屋敷や寺社などから奉納されたものだろうとのこと。塚の大きさに対しての石碑の数を思えば、石碑塚といってもいいくらいでしょう。

都内をはじめ近県の富士塚の中には、現在も存続する講によって、年に一度の祭事が行われるところもあります。しかしこの千駄ヶ谷の富士塚は、烏帽子岩講が消滅してしまった今、生きた役割を果たしてはいません。地元の古老の話では、かつて6月3日の祭日に、都内各所の富士講が代々木駅から白装束で隊列をなし、唱名を唱えながら集った時代もあったそうですが、それも今ではなくなり、神社が形式程度の祭事を行うばかりです。

また、富士講の信徒たちによる神聖な儀式とは別に、一般の庶民にとっては遊山的な楽しみでもあった富士塚詣で。この千駄ヶ谷富士も江戸末期の頃になると、境内はたくさんの出店で賑わったようですが、もちろん今では出店が並ぶこともありません。

思えば、富士塚は江戸時代にできたヴァーチャル・テーマパークともいえます。さすがに1メートル前後の高さだと登る感覚は味わえませんが、千駄ヶ谷富士くらいの高さがあれば、じゅうぶん体感できます。四方に造られた登山道を歩きながら、所々に配置されたモニュメントを拝み、富士登拝と同じ霊験を体験した後は、出店や境内界隈の店でお楽しみ。江戸時代のヴァーチャル体験を、さらに現代でヴァーチャルに体験できる富士塚を、一度登拝されてはいかがでしょうか。

なお、千駄ヶ谷富士は常時登拝が可能。国の文化財に指定されている富士塚などは、おもに7月を中心に、年に一度の山開きの際に登拝可能です。

千駄ヶ谷富士
渋谷区千駄ケ谷1-1-24

【関連情報】
高田富士（水稲荷神社）
新宿区西早稲田3-5-43

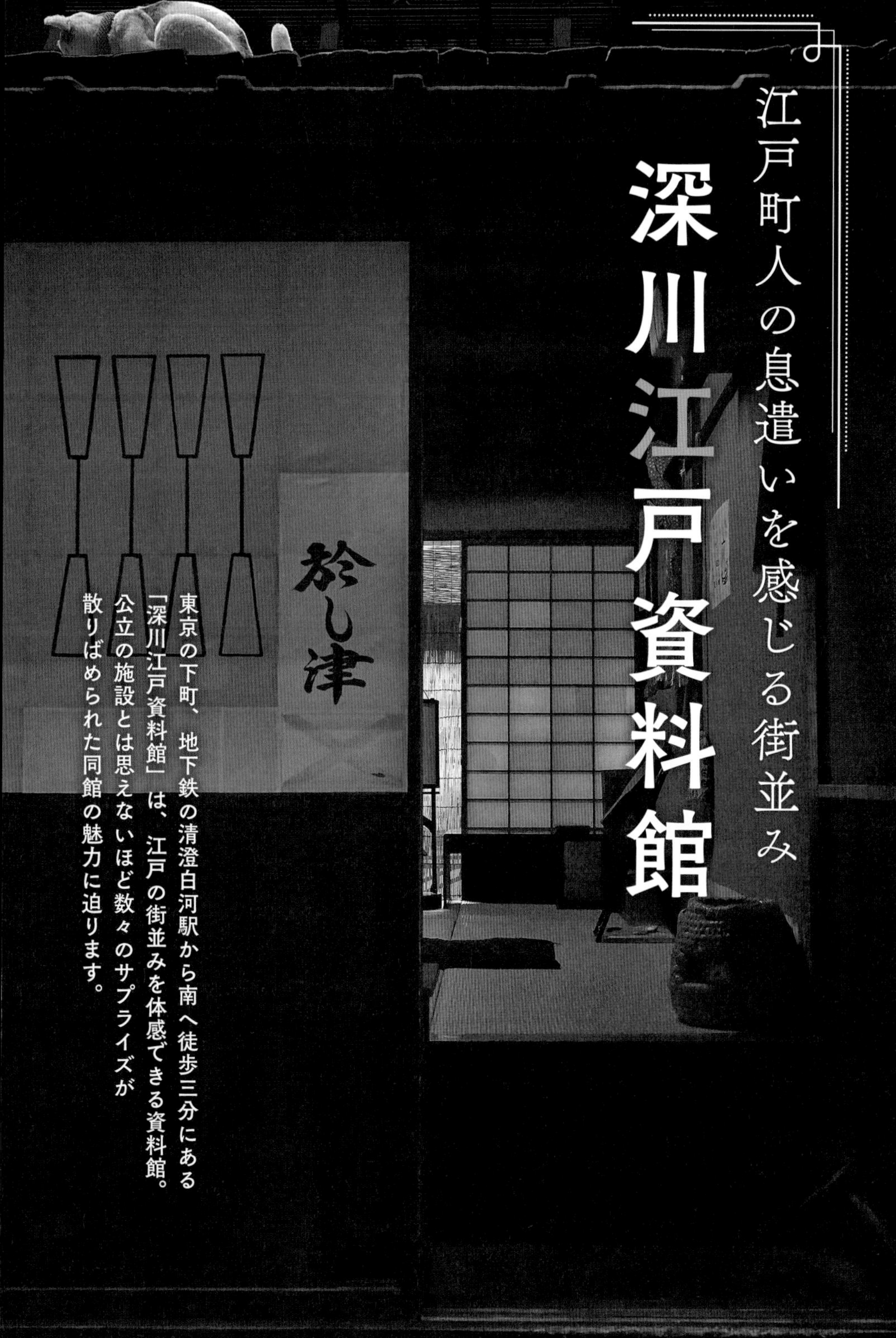

江戸町人の息遣いを感じる街並み

深川江戸資料館

東京の下町、地下鉄の清澄白河駅から南へ徒歩三分にある「深川江戸資料館」は、江戸の街並みを体感できる資料館。公立の施設とは思えないほど数々のサプライズが散りばめられた同館の魅力に迫ります。

開館当時、画期的だった資料館

都内には、江戸や長屋の街並みを再現した博物館がいくつもありますが、ミニチュアのジオラマや建物単体での展示などがほとんど。その点、この深川江戸資料館（以下、資料館）は、江戸の街並みをリアルサイズで再現しているのが大きな特徴です。

再現されたのは、資料館にほど近い佐賀町（現・江東区佐賀一丁目～二丁目界隈）の街並み。時代は天保年間というから、江戸末期の光景です。残念ながら、詳細な資料が関東大震災で焼失してしまい、完全な再現ではありませんが、『深川佐賀町惣絵図《そうえず》』をはじめいくつかの図絵を参考に再現したとのこと。

１９８６（昭和61）年の開館時、ここまでの規模で江戸の街並みを実寸再現した博物館は国内になく、とても実験的な試みだったといいます。さらに、リアルな街並みを体感できるよう、館内には説明板が一切ありません。国内のほとんどの博物館では、立体展示物に隣接する無粋な解説板をよく見かけますが、そんなストレスも一切無用。

加えて、全ての展示物が撮影フリー。これもまた多くの博物館で、レプリカですら撮影禁止という意味不明な規則をよく見かける中、資料館は全館どこでも撮影できるのは嬉しいかぎりです。かなりの割合で建屋の中へも出入り自由。展示物への接触もほとんど禁止されていません。開館から三十余年、多くの人が触れたり座ったりしたおかげで、木部の角が丸くなり、てかりが浮き出して、まさに人が息づく長屋街が生まれました。

最も驚くのは、開館時に「開館からすでに三十年経過した」という設定で施工されたこと。資料館の開館時、エイジング加工が施された博物館やテーマパークは、東京ディズニーランド（千葉県浦安市）をはじめほんのわずか。そういった意味でも、先取りの展示だったといえるでしょう。

いつ訪れても、常に違った体験ができる

それでは館内を少し見てみましょう。地下から地上二階までの高い吹き抜けに造られた町並みは、一階のコンコースから俯瞰できます。最初に出迎えてくれるのは、屋根の上で和むちょっと成長しすぎた猫。安政年間に、深川の寺に葬られた実在の猫「実助《まめすけ》」がモデルといいます。

階段を降りて展示スペースに入ると、もうそこは江戸の

隅々まで見事に再現された大店

町。最初に見えてくるのは、大店《おおだな》が並ぶ大通り。日除け暖簾がかかる商店「多田屋」は、干鰯《ほしか》や〆粕《しめかす》（いずれも魚を原料とする肥料）、そして魚油を扱う問屋《といや》。袖蔵を持つ豪勢な商家の様子が、隅々まで見事に再現されています。

その向かいにあるのは八百屋の「八百新」。店頭に並ぶのはもちろんレプリカの野菜ですが、なんと季節によって陳列する品を変えているというからびっくり。実は、この資料館では、野菜の置き換えに限らず、さまざまな季節の演出が施されています。

例えば運河沿いに育つ桜一つを取り上げても、春には花

3階分を吹き抜けにして再現された江戸時代の街並み。手前中央の屋根にいるのが実在の猫がモデルといわれる実助

季節に合わせて展示物が入れ替わる八百新

が咲き、夏は緑の葉を茂らせ、そして冬には枯れ枝となって、四季の風情を演出。加えて、近年では正月飾りや七夕、そして十五夜など、季節の風物も追加されて、いつ訪れても、常に違った体験ができる演出が施されています。

館内に流れる音響にも注目

また、目に見えるものだけではなく、館内に流れる音響にも細かな演出が施されています。例えば夏には蝉時雨《せみしぐれ》や夕立といった自然音から、金魚売りの声といった人の息吹を感じるものまで、そのきめ細やかな演出によって、街並みの体験がより一層リアルなものになります。そして、約二十分で二十四時間が経過する照明効果も、リアリティに拍車をかけます。

八百新の隣には裏長屋の木戸があり、その奥には長屋の住まいが再現されています。これらも九尺二間《くしゃくにけん》（約六畳）という長屋の基本的なサイズはもちろん、室内に置いてある家具調度にいたるまで、徹底的な時代考証のもとに展示されたものばかり。

長屋路地の真ん中には井戸とごみ溜《ため》、そして共同厠《かわや》があり、今にも井戸端会議の声が聞こえてきそうです。ごみ溜

照明効果で幻想的な雰囲気も漂う夜の演出

に捨てられた陶器のかけらは埋立に使われ、また厠の下肥は農家へ売り渡されて、長屋の管理費などに充当されていました。大通りには古裂《こぎれ》売りの竹天秤も展示されて、江戸のリサイクル生活を伝えています。

作り込まれた町人のストーリー

そして、この資料館の最大の驚きは、大店から裏長屋まで、そこに住んでいる人たちの物語が、しっかりと作り込まれていることです。

例えば裏長屋に住む、三味線や読み書きを教える於《お》し津《づ》は、家具調度もしっかりしたもので、学のあることから武家の出ではないかと噂されている、とか。引き戸には、三味線の家元「杵屋」の紋があしらわれ、於し津が杵屋の門人であることを暗に伝えています（トップページ）。

於し津の向かいに住む秀次は、春米屋《つきごめや》（精米店）の職人で三人家族。室内に玩具があることから、小さな子どもがいることがわかります。玄関の上には「久松るす」と書かれた魔除けの紙が貼られています。久松とは、お染とともに巷説の主人公で、身分の違いから叶わぬ恋の心中物語。江戸時代、インフルエンザなどが流行ると、人気のある人

一旗揚げようと単身江戸に出てきたばかりの、まだ畳が入っていない政助の部屋

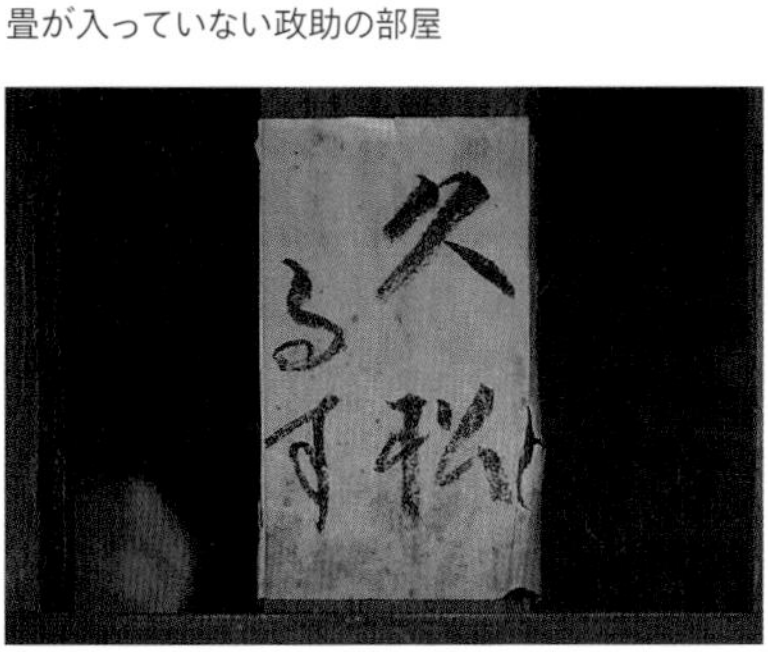

洒落の効いた江戸人らしいインフルエンザの魔除け

江戸の長屋街がリアルサイズで再現された資料館の展示

名を付ける風習がありました。当時の流感の呼び名がお染だったので、「久松が留守にしている＝お染さんは来なくていい」という洒落の効いた魔除けというわけです。

また、秀次の隣に住む棒手振《ぼてふり》（天秤棒で荷を担いで売り歩く商売）の政助は、木更津の漁師の三男坊。棒手振はもっとも手軽に始められる商いで、単身江戸に出てきたばかりの秀次は、あさりの棒手振で毎日仕事に精を出している、という設定。長屋は全て借家で、玄関扉と畳は自前で用意しました。秀次の部屋に畳がないのは、まだ仕事を始めたばかりで、畳を入れる余裕がないことを表しています。

江戸時代の長屋生活から学ぶこと

すでにお伝えしたように、館内には一切説明板がなく、これらの物語は、館内に常駐のボランティアガイドが、詳しく解説してくれます。ボランティアの登録は２００人にもおよび、各国語対応のガイドが常に何人もいる体制を整えているとのこと。

展示を詳細に記載した冊子も、オールカラー八十ページの豪華版ながら５００円というリーズナブルさ。入館時に購入して、冊子を片手に町並みを巡るのも楽しいでしょう。

資料館や博物館は、より正確な情報を伝えることに注力するあまり、面白みに欠けてしまうことがしばしば。しかしこの資料館は、正確な情報がなかったことを逆手にとって、忠実な街並みの中に空想の物語世界を創り出しました。この絶妙なバランスこそ、資料館の最大の魅力だと思います。

資源のリサイクルをはじめ、モノを大切にする心や、他人が家族同然のように暮らす共同生活のルール。慢性的なデフレが続き、経済成長が横ばいになって久しい今、経済成長がほとんどなかったといわれる江戸時代の長屋の知恵が、とても役に立つ時代に来ているのかもしれません。東京の原風景を再現した資料館から、学ぶことはたくさんありそうです。

深川江戸資料館

江東区白河1-3-28
電話：03-3630-8625
開館時間：9:30〜17:00
休館日：第2・4月曜日（ただし祝日の場合は開館）、年末年始（12月29日〜1月3日）
観覧料：大人400円、小・中学生50円、20名以上の団体割引有

妙見島

東京二十三区内の島

「島」という言葉を聞くとつい、隔絶した独自の世界が広がる魅惑的な場所と思ってしまいます。インターネットや交通網が普及した現代、島の神秘性は失われつつありますが、それでもなお知られざるロマンを求めてしまうのが島の魔力かもしれません。

　東京二十三区の島といえば、そのほとんどが東京湾に沿って点在しています。もんじゃ焼きで知られる月島、ゴミの集積でその名を馳せた夢の島、戦中は俘虜《ふりょ》収容所だった平和島、敷地の多くが産業用地として使われている京浜島や城南島などなど。しかし、そのほとんどが戦後に埋め立てられた人工島で、自然島を元に造成されたものではありません。また明治期に造成された、港区や江東区の埋立島はすでに陸地に吸収されています。

　それでは江戸時代からある自然島で、今でも島の形をかろうじてとどめているものはというと、中央区の霊岸島と江戸川区の妙見島《みょうけんじま》くらいでしょうか。ここでは、そのうちの一つ、妙見島を巡ってみたいと思います。ただし、江戸時代の痕跡はなにもないので、コラムで取り上げることにしました。

江戸川に浮かぶ妙見島

　旧江戸川の河口から約３キロ、東京メトロの浦安駅から西へ徒歩で約十分にある「妙見島」は、産廃・マリーナ・ラブホテルというミスマッチな取り合わせが奇妙な、区部の河川にある数少ない川中島の一つです。

　南北約７００メートル、東西約２００メートルの細長い菱形の島で、その面積約８万平方メートルは、サッカーコート約十面分くらい。世界遺産軍艦島よりひとまわり大きく、周囲を囲うコンクリートの護岸が、軍艦島と似た印象を与えます。

　その昔は、川岸にできた砂洲でしたが、岸と砂洲の間に川が流れ込み、やがて中洲として独立した島でした。砂洲島だった時代には、その堆積具合によって東西や南北に位置を変えることから「移動する島」とよばれていたようです。

　古地図を見ると、文明開花

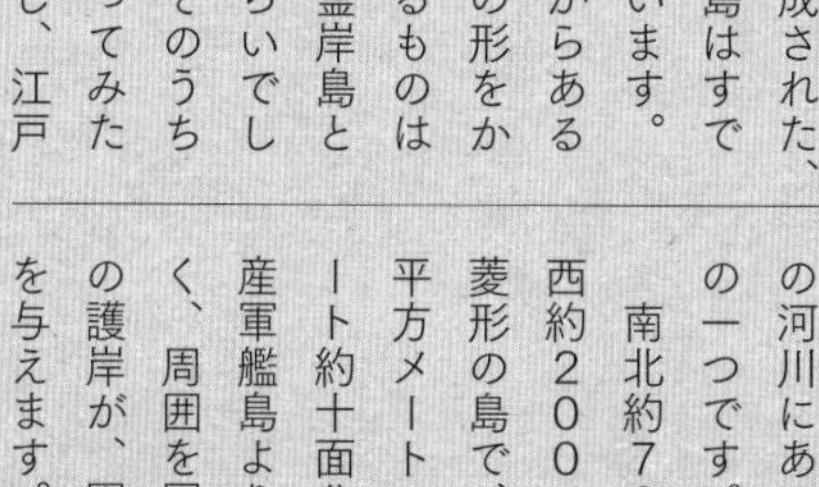

周囲を完全に護岸で囲った妙見島の南端

の時期にはすでに現在の島とほぼ同じ形に定着しているようですが、島内は全て荒地で、まだ島を利用する様子はうかがえません。

明治時代の終わりごろになると、北部に石灰工場が建ち、島の中央には水田があるので、人が介入し始めたことがわかります。

昭和の初めごろは、西側から水田に向かって幾筋もの水路があるので、おそらく水田耕作が盛んになったのでしょう。島の南端に橋が架かったのもこの頃のようです。

そして戦前から高度経済成長期の頃までは、石灰工場があった北部一帯に針葉樹林があるので、この時期は、樹木が鬱蒼と茂る印象だったと思います。

高度経済成長期に、東京油脂の大規模な工場が建設され、それ以降バブル期にかけて、島内はほぼ全域にわたって工場が建ち並ぶ工場島へと変貌しました。

そして現在、それらの工場のほとんどが、大小さまざまな産廃処理関連の会社にかわり、いわば産廃島となっています。

妙見島を歩く

そんな妙見島へは、南端に架かる橋を渡るのが唯一の手段で、徒歩による上陸も可能です。階段を降りて上陸すると、最初に目に入るのがハッピーホテル「ルナ」。住宅地域から離れている立地ゆえでしょうが、島の玄関にラブホというのも、いささか面食らいます。

五階建てで三十室弱、長時間ステイで平日８０００円前後というリーズナブルさは、やはり不便な場所がらゆえでしょうか。産廃島にハッピーホテル。このミスマッチな取り合わせが、逆にデリヘルをはじめとした身を忍ぶ利用者にとっては好都合なのかもしれません。

ホテルの隣には、釣り船・屋形船の「西野屋」があり、一般利用の施設はここまで。それ以外のエリアは、連日ひっきりなしにトラックが出入りする産廃関連の工場がほとんどで、敷地内に入れる人も、当然のごとく関係者に限られます。

島内の一般道は、東側護岸沿いの縦走路だけで、その道沿いに産廃関連の会社がずらっと並びます。途中、崩壊の進む観音様の祠があり、花が手向けられていました。こんな島でもお参りする方がいるのかと思いきや、近づいてみると造花。そのビビッドな発色は、無彩色の島内で唯一の色彩のようにも感じました。

しばらく進むと道がクランクになり、その一角には数十艇のボートから自由に選べる会員制のマリンクラブ「ニューポート江戸川」があります。レストランのウッドデッキにはヤシの木が生えるなど、産廃の島に忽然と現れたリゾート感溢れる空間ですが、一番高い入会金が数百万というから、一般利用の施設とはいえないでしょう。

産廃の島にマリンクラブというのも、これまたミスマッチですが、川を下ればその先は葛西臨海公園と東京ディズニーリゾート。ボートで東京湾クルーズをする際の拠点としては、格好な場所なのかもしれません。

妙見島の奥地へ

マリーナを横目にクランクを進むと、道の片隅に現れる神社が、島名の由来にもなっている「妙見神社」です。かつては妙見菩薩を祀る妙見堂があったといわれますが、現在は北方約3キロにある妙覚寺へ遷座され、島には鳥居と小さな祠があるばかり。

　妙見菩薩は、インドの菩薩信仰と道教の北極星信仰が習合して日本に伝来し、特に軍神として崇められた天神です。のちに戦国大名となる下総の豪族だった千葉氏の守護神で、この島に妙見菩薩を祀った経緯や目的ははっきりしないようですが、少なくとも移動する島の地鎮を目的としたこと

車道が大きなループを描く島内唯一の玄関口

島内の出入口にあるハッピーホテル（左手前）と釣船屋（右奥）

島の北端寄りにある妙見神社

は間違いないでしょう。

　祠を越えた島の北端には、マーガリンなどの乳製品を製造する「月島食品」の工場群が建ち並びます。一般道もほどなく敷地に飲み込まれて終わりますが、路傍の階段を上ると、堤防の外周に幅およそ2メートルの平場があるので、降り立ってみました。

　島の北東から南西まで半周余りの通路から見える光景には、特にこれといって特徴的なものがあるわけでもなく、江戸川沿いの無個性な住宅街が広がるばかりです。

　堤防の外側を歩くこと十分余り。やがて辿り着いた橋のたもとで平場は終わり、階段を上って再び島内へ。ちょうどラブホや釣船屋のあるエリアへと戻って来ます。

島はほぼ工場で埋め尽くされている

釣船や屋形船の船溜りも兼ねる、護岸の外周に沿って施行された平場

陸の孤島、妙見島

　中洲の島といえば、博多の中洲がすぐに思い浮かびます。ご存知のように、河岸屋台から風俗店までさまざまな飲食店が密集する博多最大の歓楽街です。また大阪の中之島も大きな中州島。こちらは公会堂やダイビルなどが建ち並び、大阪の文化と経済に大きく貢献する島といえるでしょう。

　島の大きさや地の利もあるでしょうが、東京で最大の川中島には、ネオン街もなければ文化的な香りもいっさいありません。無彩色なコンクリートの堤防に囲まれた産廃工場で埋め尽くされる島は、文字どおり「陸の孤島」でした。

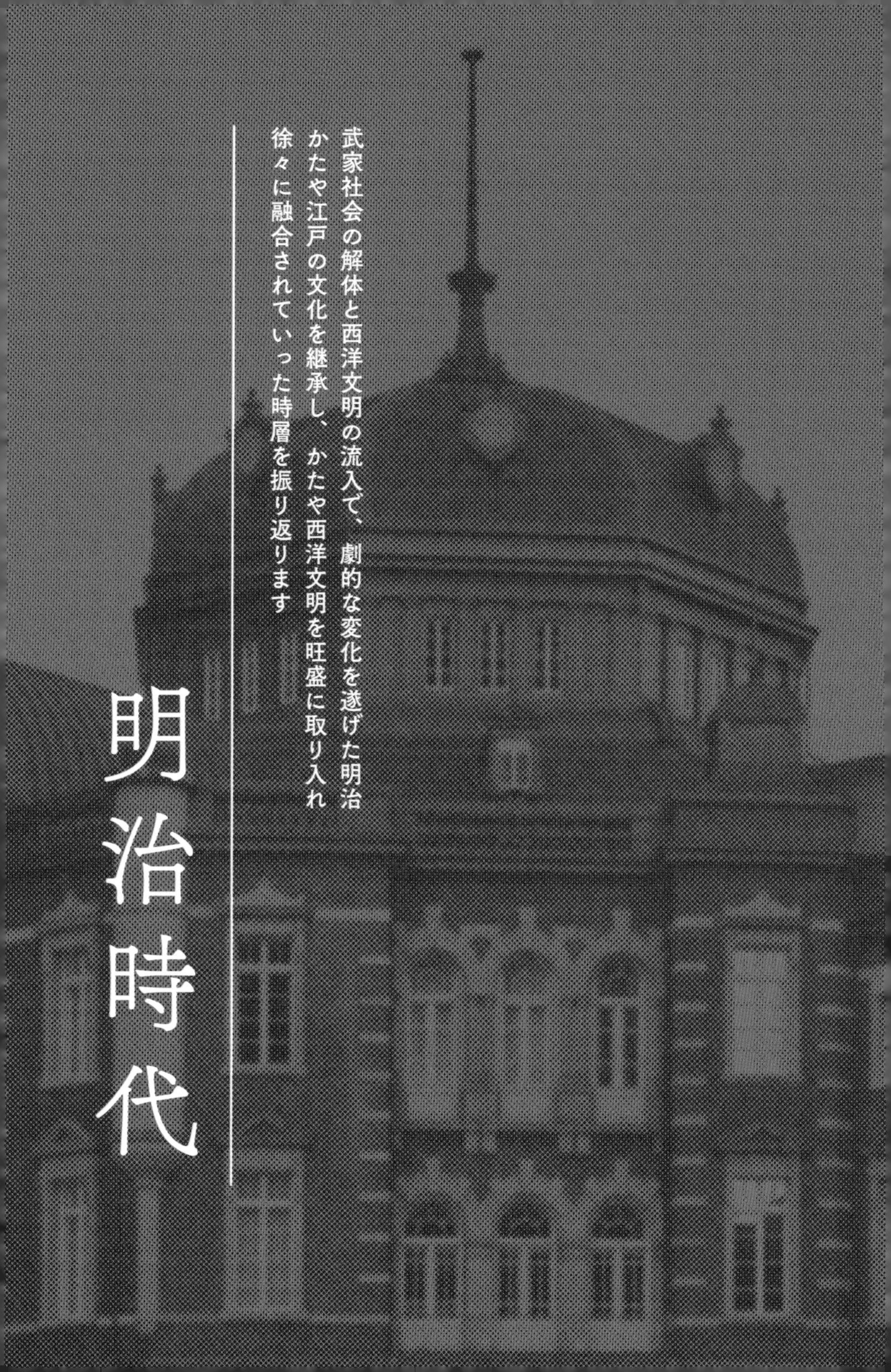

明治時代

武家社会の解体と西洋文明の流入で、劇的な変化を遂げた明治
かたや江戸の文化を継承し、かたや西洋文明を旺盛に取り入れ
徐々に融合されていった時層を振り返ります

左官の鏝が生み出した芸術

品川寄木神社の鏝絵

「鏝絵《こてえ》」というのをご存知でしょうか。
建物の壁や床などを塗り仕上げる左官が、鏝一つで創り出す、着色した漆喰のレリーフ。
そんな鏝絵の名工といわれた伊豆長八《いずのちょうはち》の作品が、品川の「寄木《よりき》神社」にあります。

珍しい起り破風の屋根を持つ拝殿

見どころ満載の寄木神社

寄木神社は、京急新馬場駅北口から東へ徒歩約五分にある、品川裏が漁師町だった頃からの古社。現在は埋設されてしまったかつての目黒川と品川浦に挟まれた細長い洲の上に建つ神社でした。

日本武尊《ヤマトタケルノミコト》が御東征の際、海神に行く手を阻まれて大破した船の木片が寄り集まり、流れ着いた地でそれらを祀ったのが創祀《そうし》とされます。日本武尊と、海神の怒りを沈めるためにその身を犠牲にした妃の弟橘媛《オトタチバナヒメ》の二柱を祀ることから、神紋《しんもん》には主に天皇家の傍系を表す十六弁の裏菊紋が使われています。

現在の社殿は1873（明治6）年の建立で、唐破風《からはふ》かと思うほど湾曲した起《むく》り破風《はふ》の屋根や、頭に蝋燭台といわれる穴を持つカッパ狛犬、外壁を凝灰岩で覆った、まるで石蔵のような神殿など、見どころ満載の神社です。

そしてこの神殿の観音扉に、伊豆長八の鏝絵がとても綺麗な状態で遺っています。扉の裏側に描かれていたこと、そして神殿と拝殿をつなぐ短い廊下が壁で覆われていたことで、比較的良好な状態を保ってこられたのでしょう。

右上）とても珍しい石貼りの土蔵神殿

右下）天皇家の傍系が使うことが多い裏菊紋

左上）頭部に凹みを持つカッパ狛犬

左下）下部にあしらわれた青海波が品川浦をあらわす扁額

鏝絵とは

鏝絵は、左官の仕事で使う鏝だけで創られる、いわば3D絵画のようなもので、元々は左官職人が仕事をさせてもらったお礼と自著を兼ねて施したのが始まりといわれます。もちろん当初はシンプルなものだったのでしょうが、やがて技巧を凝らした緻密な表現へと進化していきました。それはまるで一服の絵画のような印象で、事実、伊豆長八は壁に創る鏝絵にとどまらず、額に入れて展示するための塗額《ぬりがく》や、さらには立体造形まで手がけています。

鏝絵が最も盛んに作られたのは江戸の後期から明治時代で、現在でも約三千の鏝絵が国内各地に遺っているといわれます。そのうちの三分の一くらいが大分県にあり、特に安心院《あじむ》という地域に集中し、観光誘致に貢献しているようです。

しかし、戦前にはたくさん遺っていた鏝絵も、戦禍に見舞われた地域を中心に多くが失われてしまいました。もちろん、自然崩壊や剥落によって失われてしまったものも数多くあります。事実、寄木神社にほど近い善福寺に遺る伊豆長八の鏝絵は剥落が激しく、ほんの一部しか見ることができません。また、建物の壁に漆喰を使わなくなるに従って鏝絵も徐々に衰退し、今では鏝絵を創れる人もほんのわずかといいます。

品川に長八の作品が多いワケ

そんな鏝絵を、芸術の域に高めたといわれるのが伊豆長八こと入江長八（１８１５〜１８８９）です。長八を紹介した画家・結城素明《そめい》の著書『伊豆の長八』によって、広く伊豆長八として知られるようになりました。伊豆南西の松崎に生まれた長八を紹介する際、その出身地を苗字にすれば、伊豆の観光活性化にもつながるという目論見があったと伝えられます。

伊豆の松崎は、四季を通して強い西風が吹きつける土地で、その昔から多くの家屋が屋根を漆喰で強固に固めていました。その結果、左官業がとても栄えた土地だったので、幼少の長八も、自然と左官の仕事に慣れ親しんでいったようです。

18歳の頃に江戸へ出た長八は左官の仕事をしながら、画家・喜多武清《ぶせい》のもとで狩野派風の絵を学び、やがて絵画的な鏝絵の創作に邁進することになります。

27歳のときに制作した、茅場町の薬師堂での仕事が瞬く間に評判をよび、名工・入江長八の名が知れ渡るようになりました。田舎者の左官に負けたとあっては江戸左官の名折れだということで闇討ちにも遭ったそうですが、それだけ長八の人気は凄かったのでしょう。

また、左官一筋の人かと思いきや、新内流し（三味線音楽のいちジャンルで、花街などでの流しとして発展した哀調ある曲調が特徴）も嗜んだようで、そこから粋な遊び人としての長八の姿も見えてきます。

先妻を亡くした後、長八は品川の芸妓・お花と夫婦になり、以降品川に長く住むことになりました。品川に長八の作品が多いのはこのためで、品川宿場一の飯盛旅籠《めしもりはたご》といわれた「土蔵相模」にも、長八の鏝絵があったようです。

『鏝絵天鈿女命功績図』のミステリー

そして品川時代の代表作が、寄木神社の建立にあわせて手がけた『鏝絵天鈿女命《アメノウズメノミコト》功績図（以降、功績図）』。観音開きの扉裏に描かれた鏝絵は『日本書紀』に記された天孫降臨のワンシーンといわれます（トップ見開き）。

天孫降臨とは、日本の神々の一人、天照大神《アマテラスオオミカミ》（『古事記』では主に天照大御神）が、統治のために高天原《たかまがはら》から高千穂に孫の瓊瓊杵尊《ニニギノミコト》（『古事記』では邇邇芸命）を送り出した神話。その際、随伴した天鈿女命（『古事記』では天宇受賣命）が、降臨の途上にいた猿田彦命《サルタヒコノカミ》（『古事記』では猿田毘古神）をストリップで幻惑させながら素性を問いただす一幕です。

右の扉に描かれているのが猿田彦命で、いかつい表情や浮き上がる血管など、とても鏝だけで創り出したとは思えないリアルな造形には驚くばかり。左扉の上部には、鏡と剣を持ち、写実的な猿田彦命とうってかわって人形のような姿で立つ瓊瓊杵尊、そして下部には、誘惑的な視線とと

左扉。鏡と剣を持っているのがアマテラスあるいはニニギで、ストリップをしているのがアメノウズメ

右扉の一部。鏝による創作とは信じがたいリアルな表情や血管の猿田彦命

もに身のこなしもしなやかな天鈿女命が描かれています。

これは品川の区教委が発行する『品川の口碑と伝説』および『品川区文化財調査資料 昭和40年度版』に記載された絵の解釈ですが、同教委が製作した神社の解説板には、左上の瓊瓊杵尊を天照大御神とし、さらに扉の左右を別々の状況ととらえて、左を天岩戸から天照大御神が姿を現した光景、右を天孫降臨の際に途上に現れた猿田彦命という二つの場面を描いている、とあります。

なぜこんなことが起きてしまったのでしょうか。同教委によると、もともとの伝承では解説板の解釈だったが、昭和の文化財調査で新説がうまれ、天孫降臨のワンシーンを左右に描き分けたものではないかという結論に達したといいます。しかし、その根拠が明確に記されているわけではなく、品川区としても、完全に新説が正しいと断定はできないとのことでした。

功績図の真実は

あらためて左右の鏝絵を見ると、天孫降臨を表すのに猿田彦命だけという旧説には不自然さがあり、左右で天孫降臨のワンシーンを表現したとする新説の方が順当で、左上の像が瓊瓊杵尊というのも納得がいきます。しかし、その立ち姿はとても女性らしく見えるので、やはり天照大御神である可能性も捨てきれませんが、そうなると、実際に降臨した瓊瓊杵尊が描かれていないのが不自然になってしまいます。

そもそも、天鈿女命のストリップは『古事記』と『日本書紀』のいずれにも登場しますが、そのシチュエーションが異なります。『古事記』では天岩戸から天照大御神を誘い出すとき、『日本書紀』では天孫降臨の際に猿田彦命にその素性を問い正すときで、すなわち古説であれば『古事記』を基にし、新説であれば『日本書紀』を基にしたシーンということになり、鏝絵の解釈によって、その原典自体が違うものにもなってしまいます。

ここで鏝絵のタイトルを思い出してみると、そこには天孫降臨や天岩戸の文字はなく、天鈿女命の功績とあります。これは私見ですが、この鏝絵は、ストリップを披露するアメノウズメの一体で、天照大御神を天岩戸から導き出し、そして猿田彦命に素性を語らせるという二つの功績を描いた一枚の絵を、左右に分けたものと考えるのはどうでしょうか。すなわち、左下の像が、日本書紀の天鈿女命であり、同時に古事記の天宇受賣命でもあると考えれば、古説と新説の両方にある不自然さが全て解消されます。

その結果、左上の像は天照大御神ということになりますが、表情に乏しい人形のように描くことで、逆に畏れ多い存在であることを強調したかったのかもしれません。

長八の鏝絵の芸術性

『功績図』を見ていると、十世紀以上にわたって作り続けられた西欧のキリスト教絵画を思い出します。聖書の教えをビジュアルで表現したこれらの絵画は、文盲《もんもう》の衆生に対しての布教に大きく貢献しました。

『功績図』も、単に奉納というだけでなく、文盲の人たちに日本神話の世界をわかりやすく説き明かす目的もあったのではないでしょうか。もしかしたら般若心経を絵で綴った「絵心経」を参考にしたのかもしれません。そんな見方をすると、いっそう味わい深く感じます。

かたや、一般的な鏝絵は左官職人による工芸で、「芸術的な価値」が低いことから、学術研究がほとんどされていないといいます。しかし、芸術という言葉自体が明治以降に「ＡＲＴ」を無理して翻訳した言葉だったことを思えば、そもそもアートという概念がなかった日本文化を理解するのに、「芸術」という基準がそれほど重要でしょうか。次章で触れる看板建築と同様、在野の作品に光の当たる日が、一日も早く来てほしいと思います。

なお『功績図』は、普段は非公開ですが、年に一度一般公開されます。それ以外にも、ときどき見学ツアーなどがあるようなので、機会があったらご覧になってみるのはいかがでしょうか。

外壁への施工なため剥落が激しい長八による善福寺の鏝絵

寄木神社
品川区東品川1-35-6

【関連情報】
音響山伝相院善福寺　品川区北品川1-28-9

「電氣ブラン」とともに振り返る浅草

神谷バー

浅草駅の上にある1912年開店の「神谷バー」は、「電氣ブラン」でその名を知られる国内初で最古のバー。錚々《そうそう》たる文豪が通った浅草の生き証人とともに、東京一の繁華街・浅草を振り返ります。

震災と戦災を生き抜いた「浅草の生き証人」

江戸時代から戦前まで、常に東京一の繁華街として賑わった浅草。時に銀座に、時に新宿にその座を譲りながら、今では江戸文化と下町風情、和洋折衷と大衆文化を旗印に、もっとも外国人観光客が訪れる場所。そんな浅草を象徴するような、台東区浅草一丁目一番地一号に建つのが、神谷バーの入店する神谷ビルです。

周辺がアーケードなので、ビルの前を歩いていると気がつきにくいのですが、目の前の信号を渡れば神谷ビルの全貌を眺めることができます（右ページ）。

神谷ビルは、１９２１（大正10）年築、鉄筋コンクリート造四階建のモダンなビルで、当時世界を席巻した建築潮流の一つ、ウィーン分離派とよばれる様式をベースに造られています。特に二階部分の円形窓とその下に続く直線的なデザインは、まさにその典型といえるでしょう。

上階の窓周りを除いて、建物の正面はタイルで覆われ、特に一階に貼られている、縦に引っ掻き傷を施したスクラッチ・タイルは、大正末から昭和初期にかけて爆発的に普及した、この時代特有のものです。

先の大戦で館内が全焼し、オリジナルの内装が失われてしまったのは残念ですが、創建当時の写真と見比べても、その外観は基本的に変わっていません。関東大震災（以降、大震災は関東大震災のこと）と戦災を生き抜いた神谷ビルは、まさに浅草の生き証人といえるでしょう。

そんな神谷ビルの一階に入店するのが「神谷バー」。バーといっても、暗い店内に高椅子のカウンターがあって洋酒を傾けるような一般的なバーではなく、いわば昭和の百貨店にあった大食堂のような印象です。

店内はとても明るく、四人掛けから八人掛け程度のテーブル席がビッシリと並び、混雑してくると相席があたりまえ。店員さんが統一した制服を着用しているのも、大食堂感をあおります。

お客には、一人で嗜む地元のご常連も多く、またグループの方々が顔を赤くしてワイワイと酌み交わすのも、まさに浅草らしい大衆文化。立ち飲みでもないのに、初対面のお客同士が会話をし始める光景もよくみかけます。

では、そんな大食堂のようでもあり大衆酒場のようでもある店が、なぜ「バー」なのか。それには神谷バーの歩みをちょっと紐解く必要がありそうです。

電氣ブランの誕生と凌雲閣

神谷バーの神谷とは、初代のオーナーだった神谷傳兵衛《でんべえ》(1856~1922)の苗字。幕末に三河で生まれ、貧困に苦しんだ傳兵衛は、知多郡の造り酒屋の豪奢な建物を見て、将来酒屋を営むことを心に誓います。

いくつかの酒蔵や醸造所で働いたあと、麻布の造り酒屋で樽酒を売り歩いてコツコツと資金を貯め、浅草に間借りして酒の一杯売りの店を開店したのが1880(明治13)年のことでした。出身地を屋号にした「みかはや銘酒店」、これが神谷バーの前身です。

みかはやの経営である程度資金が貯まると、かねてより思い描いていた日本人好みの甘いワインの製造に着手。和洋の醸造所で働いた経験を生かしながら、輸入ワインを加工することで、廉価で飲みやすいワインを完成させました。のちに、神谷バーの看板商品となる「ハチブドー酒(正式名は蜂印香竄《こうざん》葡萄酒)」です。

またブドー酒に限らず、輸入酒精を加工した速成ブランデーも発売しますが、おりしも1882(明治15)年に東京でコレラが流行ると、コレラの予防に効くというキャッチコピーと共に爆発的に売れたこのお酒こそ、電氣ブランの原型でした。

発売当初は「電氣ブランデー」といい、電灯や電信電話、そして電氣エレベートルなどが飛躍的に普及した明治中期、とにかく「電氣」と付けるのが最先端だった流行にあやかったネーミングです。その後、リアルなブランデーではないことから「デー」を省略して「電氣ブラン」に。現在、電氣ブランは度数が違う二種類が販売され、店内では度数

上)スクラッチ・タイルが貼られた1階の外壁とレトロなフォントがあしらわれたバックライトの看板

下)神谷傳兵衛のイニシャル「DK」をあしらったオリジナルグラスに注がれたデンキブラン

の低い方をカタカナの「デンキブラン」と表記しています。

ちなみに「三杯飲めば電気に痺れたように手足がブランブラン」といわれるのは後付けのお話。


ところで、電氣エレベートルというのは聞き慣れない言葉だと思いますが、要はエレベーターのこと。1890（明治23）年に開業した、当時国内で最高層の「凌雲閣《りょううんかく》」、通称「浅草十二階」に設置された国内初のエレベーターが、電氣エレベートルと表記されていました。

江戸川乱歩の短編「押絵と旅する男」に「あれは一体どこの魔法使いが建てましたものか、実に途方もない、へんてこれんな代物でございましたよ」と、当時の印象が綴られています。スカイツリーですら、そんなに驚かない現代におきかえれば、浅草にブルジュ・ハリファが建ったくらいの驚きだったのではないでしょうか。

いまでいうワールド・マーケットのような商業ビルだった当時国内最高層の凌雲閣

もともと浅草の高覧趣味は、浅草寺の五重塔に始まります。1886（明治19）年に、安政の大地震で痛んでいた五重塔を改修する際、組んだ足場に木戸銭を取って登らせたのが始まりといわれます。足場に登らせるとはいかにも浅草らしい発想ですが、これが大盛況。

この人気に目をつけた香具師《やし》の寺田為吉が、その翌年に「富士山縦覧場《じゃうらんじょう》」という展望台を造りました。高さ32メートル、裾周り270メートル、螺旋状に登山路を施工した木骨モルタル製のハリボテの富士山で、頂上からの見晴らしも良く、またまた大盛況。しかし台風で崩壊し、約二年半で取り壊されてしまいました。

これも乱歩の「押絵と旅する男」に「せいぜい変わったところで、お富士さまの作りもの」と登場しますが、「変わった」どころではなく空前絶後の奇怪な建造物だったと思います。

崩壊の翌年、高覧熱さめやらぬ浅草で誕生したのが凌雲閣でした。この凌雲閣があったときこそ、江戸時代から歓楽街のトップを独走してきた浅草がその頂点を極めた時代といえるでしょう。「塔」をシンボルにするのが得意な東京の原点が浅草十二階だと思います。

神谷バーがオープンした頃の最盛期の浅草六区

神谷バーの誕生と全盛期の浅草

ハチブドー酒と電氣ブランで成功を納めた神谷傳兵衛は、その後、酒造以外にもさまざまな事業に手を広げ、1903（明治36）年にはボルドーの製造法を取り入れた本格的ワイン醸造所の「牛久醸造所」を竣工させました。これが現在の茨城県牛久市にある牛久シャトーです。

そして1912（明治45）年、現在の地に「神谷バー」を開店。当初は、長いバーカウンターがいくつも並ぶ、まさに現代のバーに似た店舗でした。席の前には小さな電光掲示板があり、着席時は「いらっしゃいませ」と表示され、一杯頼むごとに数字が増えていくという「電気仕掛け」には、アイデアマンとしての片鱗がうかがえます。

ほどなくして時代は大正デモクラシーへ。浅草がその歴史上でもっとも輝いた時代、それが大正時代だと思います。六区を中心に、数多くの活動写真館や浅草オペラの劇場が軒を連ね、活動写真愛好家の「愛活家」や浅草オペラファンの「ペラゴロ」が連日闊歩していました。

塔下苑とよばれた凌雲閣の麓では、銘酒屋《めいしゃ》の看板を掲げる私娼窟が妖しい光を放ち、見世物小屋を見るなら浅草へ行け、といわれるほど多くの小屋がかかるなど、まさにド派手なエネルギーと妖しさを湛えたカオスが混在したのが大正時代の浅草です。

熱狂冷めやらぬ愛活家やペラゴロが、ときとしてその興奮を増幅させた電氣ブラン。現在の神谷ビルに改装されたのも、そんな浅草全盛期の真っ只中でした。

改装の翌年、初代神谷傳兵衛は他界し、後を継いだ女婿の傳蔵が二代目傳兵衛を襲名しました。そして１９２３（大正12）年、大震災によって浅草は浅草寺の観音堂と浅草神社を除いて、全て焼失してしまいます。浅草のシンボルだった凌雲閣も煉瓦造りだったので、あえなく半壊し、軍によって解体されました。

今日も浅草とともに歩む電氣ブラン

大震災後、塔下苑は向島へ移転し、活動写真や浅草オペラも震災が幕を下ろしたように消えてゆきました。しかし、地下鉄の開通や、エノケン・ロッパによる浅草レビューとナンセンス喜劇で、再び不死鳥のごとく蘇るところが、浅草の底力とでもいうべきでしょうか。

やがて戦時下になり、１９４５（昭和20）年3月10日未明の東京大空襲で、浅草は一夜にして再び焦土と化してしまいます。大震災を生き抜いた観音堂も焼け落ち、遺ったのは鉄筋コンクリート造だった神谷ビルや浅草松屋百貨店、そして大震災後に改築されていた仲見世通りの鉄筋商店長屋など、わずかにすぎませんでした。前述のように神谷ビルも、店内は完全に焼失してしまいます。

戦後の酒販統制の時代には、カストリやバクダンなどの闇酒にまじって、偽造の電氣ブランも販売されたといいます。しかし、１９４９（昭和24）年に神谷バーが再開すると、かつてのバーを知る記者が続々と報じ、瞬く間に客足が戻ってきました。この頃、酔い潰れた客を休ませるベッドを店内に用意したことが、人身荒廃の時代に心温まるエピソードとして報道されています。

浅草オペラ、そして浅草レビューと、常にフロアショーで隆盛してきた浅草は、戦後もストリップショーの聖地として名を馳せますが、やがて高度経済成長からバブルの時代を迎え、巷の感覚が「おしゃれな生活」に変わると、「大衆」をウリにしていた浅草は「ダサい」街になり、客足も遠のいてしまいました。

昭和から平成へ時代は変わり、繁華街の主役は新宿を中心にした東京の左半分へ。再起を図った浅草は、当初、時代に迎合的な街おこしを試行錯誤するも、その多くが失敗し、そこから学んだのが「浅草らしさ」を前面に打ち出すことでした。

江戸情緒や下町風情、そして明治から続く和洋折衷の大衆性を前面にアピールしたことで、外国人観光客が大挙して押し寄せるようになり、再び大観光地として復活を遂げた現在の浅草へと繋がっていきます。

そんな浅草の百年を通して、ときに震災や戦災に疲れた心を癒し、ときに浅草オペラや活動写真の興奮に油を注ぎ、イケてない時代も地元の人に守られながら、浅草の変遷を糧にこんにちも営業を続けるのが神谷バーです。

神谷バーへ行かれたことのある方もない方も、浅草の生き証人といえる神谷バーで激動の時代へ思いを馳せてみるのはいかがでしょうか。お酒を嗜む方は、ぜひ電氣ブランを一献傾けてください。ビールを別途注文し、自分の好みの割合で作るビール割りがおすすめです。

デンキブランによく合うメニューの一つ、豚肉の塩漬け

デンキブランの色にライトアップされた夜の神谷バー

神谷バー
台東区浅草 1-1-1
電話：03-3841-5400
営業時間：11:30〜22:00　火曜休

貧民窟

貧民窟とは

格差社会がうたわれて久しい２０２０年の現在、それでも残飯しか食べられない人が何千人も暮らすエリアは、少なくとも今の日本にはありません。戦後ＧＨＱによる財閥解体によって富の集中が解放され、現在に繋がる豊かな国ニッポンができ上がったといえるでしょう。

しかしいまから百年前の日本はというと、およそ様相は異なっていました。明治維新から始まった近代化は、極端な資本主義の推進によって激しい貧富の差を生み出し、より貧しくなった者同士が集住することで、都内各所に貧民窟が形成されていきます。

ピークは日清戦争の後（１８９５年）から関東大震災（１９２３年）までの間で、三大貧民窟（四谷の鮫河橋《さめがばし》、浜松町の浜新網町《はましんあみちょう》、上野の下《した》谷万年町《やまんねんちょう》）をはじめ都内に点在した貧民窟は、いずれも汚醜極まりない惨状でした。

貧民を束ねる女乞食の丹が、華族の女たちを懲らしめる物語が痛快な泉鏡花の『貧民倶樂部』に、当時の様子が「鮫河橋界隈の裏長屋は、人を入れる家というよりは棺桶のようだ。土間、天井、襖、障子すべて無く、隣とは壁一枚で、道路とも扉一枚で分つ。三畳ないし五、六畳の一室のみ」というように、端的に記されています。

貧民窟に暮らす人々の稼業は、おもに日雇人足や人力車夫、および大道芸人などで、収入の少なさからまともな食事がとれず、ほとんどが残飯で食いつないでいました。貧民窟に隣接する海軍や陸軍の軍事施設、そして近隣の繁華街から調達して販売する「残飯屋」という商売があったことには驚かされます。

明治三十年代に、自ら残飯屋の下男として働き、貧民窟の実態を記録したルポライターの松原岩五郎は、その著書『最暗黒の東京』で、残飯がないときは、捨てられた生ゴミや豚の飼料などをもらって、それを貧民に売ったと記しています。貧しい食事と不衛生で悪臭に満ちた環境は、病気と犯罪の温床でもありました。貧民窟の人々は、常に飢えと伝染病、そして強盗におびえながら暮らしていたのです。

唯一の救いは、貧民窟の住民が思いのほか人情に厚かったことでしょうか。明治三十年代に貧民窟の窮状を記した横山源之助の『日本の下層社会』には、近隣に葬式があると、生活の困窮も顧みず仕事を休んで参列し、悲しみを分かち合う様子が描かれています。

都内に点在した貧民窟は、大正時代に入って地価の高騰などが原因で徐々に解体され、さらに関東大震災で長屋街が壊滅的な打撃を受けたことによって消滅します。その後、周辺の地域へ分散した小規模な貧民街も、先の大戦終結の頃には姿を消しました。

四谷鮫河橋

　JR総武線の信濃町駅と四谷駅、それに東京メトロの四谷三丁目駅に囲まれた一帯には、かつて都内最大の貧民窟がありました。現在、新宿区の若葉一丁目と二丁目および南元町に相当する、かつて鮫河橋といわれたエリアです。

　東京湾の海岸線が今よりも遥かに入り込んでいた時代、ときに鮫が遡上することからその名がついたともいわれます。それだけこの地域の谷戸は深く、周辺のいずれからも、急峻な坂を下った谷底にあります。現在はいずれも暗渠となっていますが、かつての鮫河橋一帯には河川も多く、これらの川筋が作り出す高湿度の環境が、貧民窟となる要因の一つだったのでしょう。

　江戸時代、この一帯にはすでにたくさんの人が暮らしていました。しかし、その多くが低賃金の職人で、夜ともなれば夜鷹などの私娼が徘徊する岡場所でもあったようです。そんな素地のある谷町に明治以降貧民が集中した要因は、近隣にあった陸軍士官学校（現在の防衛省）から出る残飯でした。

　現在、貧民窟だった面影はほとんどなく、行政上の表記からも鮫河橋の名は消え、JR線の架道橋や神社の階段に埋め込まれた銘石に、その名残を見るばかりです。

　また、若葉地区と南元町地区の合流地点にある「せきとめ神社」は、川のゴミを除去し、綺麗な水を隣接する東宮御所へ通水するための沈殿池に因んだ神社。小さな祠の前に立つ「四谷鮫河橋地名発祥之所」碑が、かろうじて地名の由来を今に伝えています。

　せきとめ神社からほど近い「二葉南元《ふたばなんげん》保育園」は、1900（明治33）年の開園当時、「二葉貧民幼稚園」といい、貧民窟に住む人々を幼児の教育によって救済しようとした、東京で最初の私立幼稚園でした。どん底の貧民窟にあってこの幼稚園は、希望の光だっ

敷地内の鮫河橋名称発祥之碑が、貧民窟時代を伝えるせきとめ神社

かつて二葉貧民幼稚園だった現在の二葉南元幼稚園

たかもしれません。

浜新網町

ＪＲ浜松町駅から見て南西の方角、かつて新網町とよばれた現在の浜松町二丁目の南半分にも、大規模な貧民窟がありました。近隣に海軍兵学校があったことから、鮫河橋と同様、軍事施設の残飯をめ

特徴のないビル街となっているかつての浜新網町

あてに集住したようです。

このエリアには、門口で芸を披露しては金銭を請う「ちょぼくれ」や、街頭で三味線を弾きながら歌う辻三味線、そして、大道芸人が多くいました。前出『日本の下層社会』に記された新網の特徴として「表面に媚《こび》を湛《たた》えて傍らに向いてぺろりと舌を出す輩《やから》多く」とあるのは、これら芸人のトリッキーな行動を表したものでしょう。

現在では、オフィスや飲食店が入居する雑居ビルが並び、かつて東京屈指の貧民街だった面影はまったく遺っていません。雑居ビルに囲まれた細い路地ですら、昭和の臭いを嗅ぎ取るのが関の山です。

下谷万年町

東京三大貧民窟の最後は、上野駅から見て北東の一帯、かつて下谷万年町とよばれたエリアにありました。万年町は三大貧民窟の中でもっとも狭く、その面積は鮫河橋と比べると約五分の一程度ですが、日清戦争後には四千人弱もいたというから、人口密度は鮫河橋の約四倍だったことになります。極端な集住ゆえ、街の様相も前述の二カ所に比べて、はなはだひどい有様だったようです。

万年町は、上野や浅草の繁華街から出る残飯を目当てに集まっていました。ほかの地域と同様、稼業としては日雇人足や人力車夫が多く、次いで屑拾いも多数いたといいます。

現在、エリアの南半分のほとんどを占める東京メトロの上野検車区は、１９２７（昭和２）年に国内初の地下鉄を運行した東京地下鉄道が、貧民窟の跡地に上野電車庫として発足した場所でした。

そして検車区の北が、特に醜穢《しゅうわい》を極めたというかつての

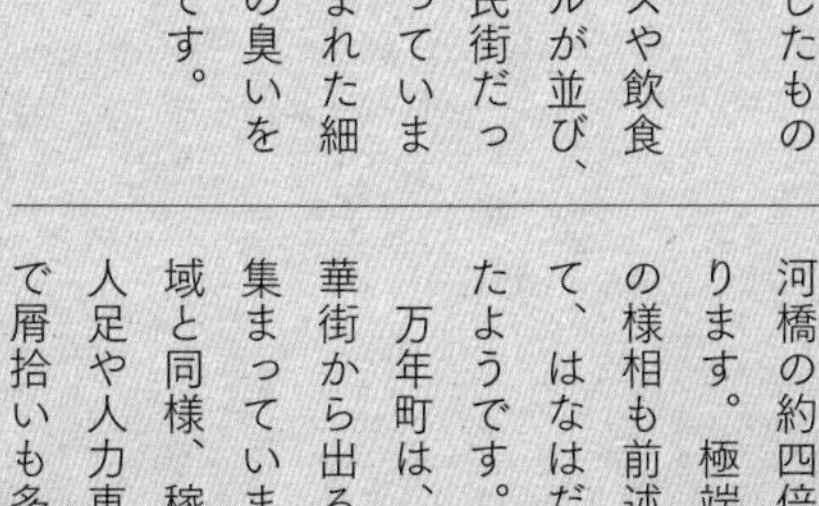
旧下谷万年町の貧民窟跡地にある東京メトロ上野検車区から発車する銀座線

万年町二丁ですが、小規模な会社や一般住宅が建ち並ぶ普通の街角からは、当時の面影を偲ぶべくもありません。

内藤新宿南町

これら三大貧民窟とは別に、新宿駅の南東にも大規模な貧民窟が広がっていました。現在の新宿四丁目、旧名旭町《あさひまち》、さらに古くは内藤新宿南町とよばれた地域です。岡場所として発展した内藤新宿にほど近いことから、日雇いや車夫のほかに、辻芸人なども暮らしていました。

現在、この地域は中央を斜めに走る明治通りによって二分され、駅に近い西側は小洒落た店が建ち並ぶ、新宿の新しいファッション街へと変貌を遂げています。それに対して東側の一帯は「新宿4丁目ビジネ旅館街」という名で、今でも木賃宿《きちんやど》が軒を連ねます。

この地域の貧民は、賃貸ではなく木賃宿暮らしが多かったため、1887（明治22）年に「宿屋営業取締規則」が発布された際、木賃宿営業許可地域に指定された名残といえるでしょう。

どの店も小綺麗に改装されてはいますが、中には往年の建屋のまま一泊2200円という看板をかかげ、界隈でも群を抜いて時が止まった空間を演出する店もあります。

令和の貧民窟を考える

厚生労働省が発表した2016年（平成28年）のホームレスの数は、全国で約6235人、東京では市部を併せて約1473人でした。しかしこの数の中に、いわゆるネカフェ難民とよばれる人々は、ほとんどカウントされていません。事実、ネットカフェの利用者の中から、家のあるなしを判別するのは極めて難しく、また、業界からも、難民ありきと決めつける調査方法への反発から、正確な調査は行われていないようです。貧民窟は過去の話と聞き流してはいられません。

旧内藤新宿南町に遺る、雰囲気あふれる木賃宿の旅館中田荘

【関連情報】

四谷鮫河橋　新宿区若葉1・2丁目、新宿区南元町

浜新網町　港区浜松町2丁目

下谷万年町　台東区東上野4丁目

内藤新宿南町　新宿区新宿4丁目

大戦間時代

二つの大戦に挟まれた三十年は、近代から現代への掛橋
戦争景気から大正デモクラシー、そして関東大震災から敗戦
激動の時代が産み落とした数々の宝石を辿ります

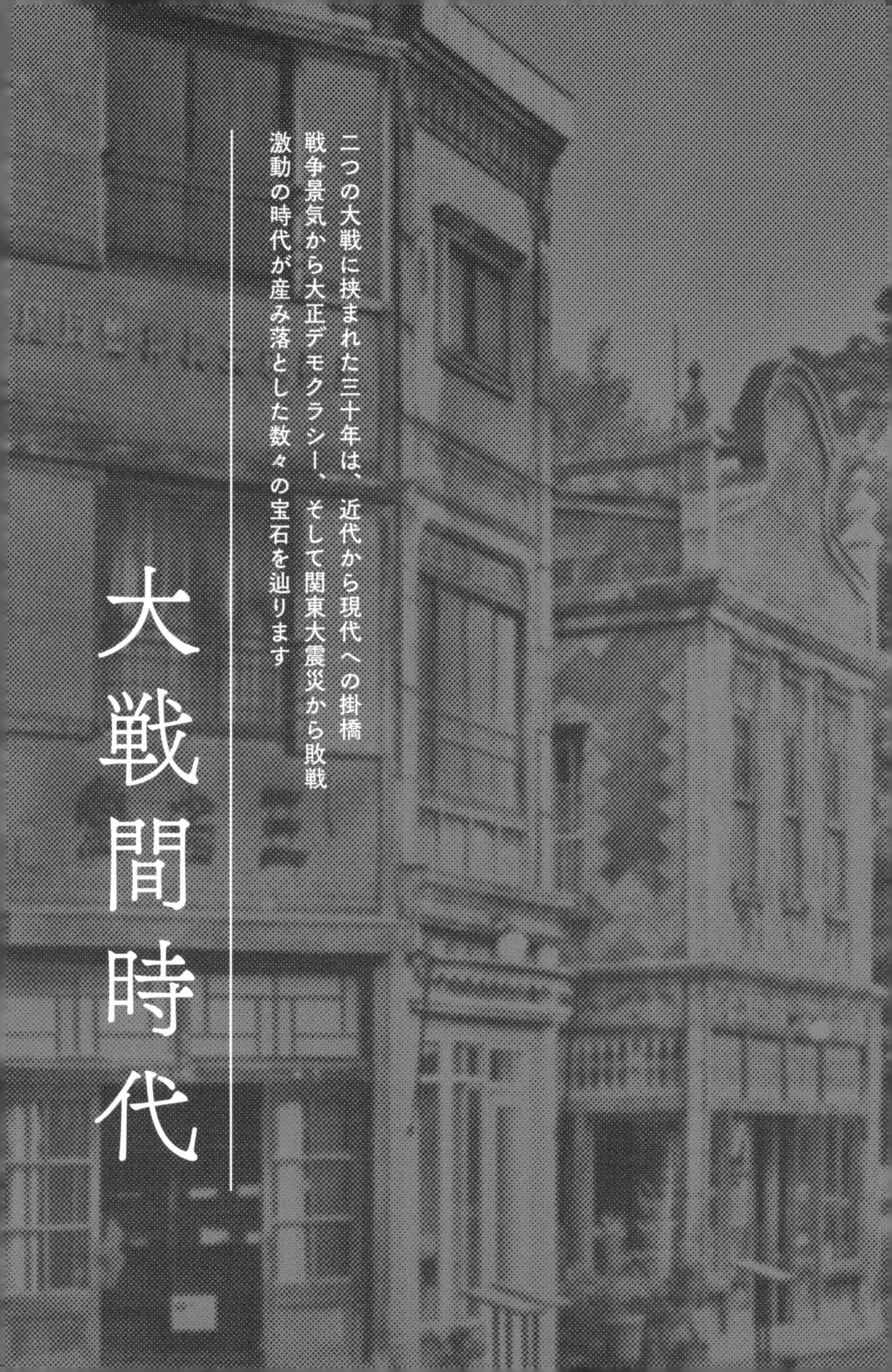

東京からワンコインでいける異空間

鶴見線

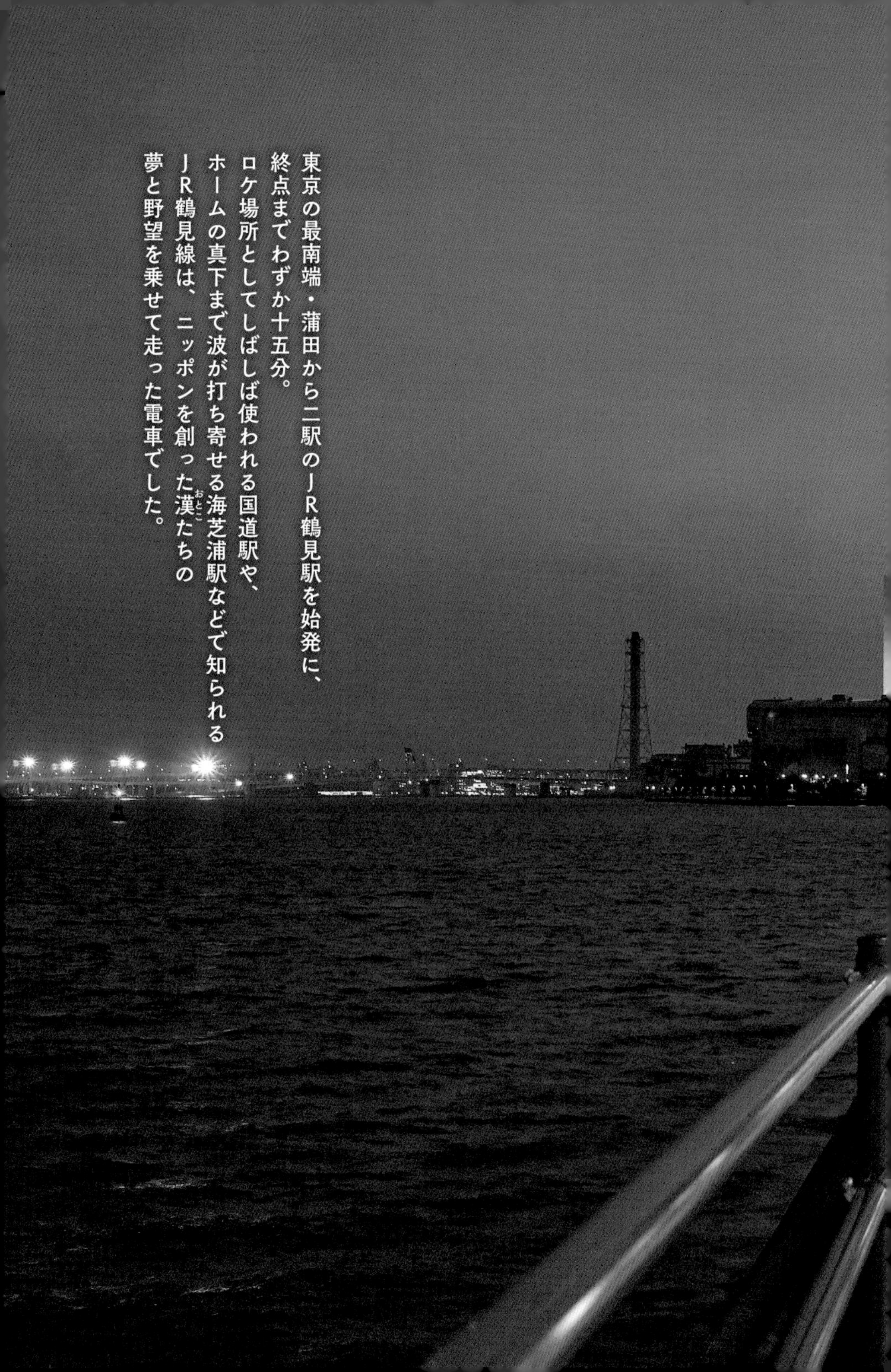

東京の最南端・蒲田から二駅のＪＲ鶴見駅を始発に、
終点までわずか十五分。
ロケ場所としてしばしば使われる国道駅や、
ホームの真下まで波が打ち寄せる海芝浦駅などで知られる
ＪＲ鶴見線は、ニッポンを創った漢《おとこ》たちの
夢と野望を乗せて走った電車でした。

ニッポンを創った漢たちの夢を乗せて走った鶴見線

この項ではちょっと東京を離れて、隣接する川崎・横浜の時層を覗いてみたいと思います。

現在、ＪＲ東日本が運行する鶴見線は、もともと私鉄としてスタートした路線でした。浅野総一郎（１８４８〜１９３０）をはじめとした錚々たる財閥軍団によって、１９２６（大正15）年に開通した貨物線「鶴見臨港鉄道」がその前身です。加えて、鉄道の走る埋立地も、この財閥軍団が私財を投じて造成してしまったというから驚きです。今でも造成に貢献した財閥関連の名前が、町名として遺っています。

鶴見駅と扇町駅（川崎市川崎区）を結ぶ本線、それに海芝浦線、石油線（廃線）、大川線の三つの支線は、全て財閥軍団が造成した埋立地へと通じ、平日の乗降客のほとんどが、埋立地に林立する企業の関係者。

もちろんそれらの企業の多くは財閥軍団がらみ。京浜コンビナートを縦走する鶴見線は、近代日本を創った漢たちの飽くなき野望を乗せて走った電車だったのです。

貨物線でスタートした鶴見線は、１９３０（昭和５）年に人員輸送も開始します。その際、従業員の輸送はもとより、一般客の誘致も大々的に行なっていたというからまたビックリ。

人員輸送を始めた頃の沿線案内

鶴見線が走る埋立地のさらに沖にある扇島は、現在は完全な埋立地ですが、約百年前はまだ砂洲の状態でした。なんとそこに海水浴場を造り、海水浴前という名の駅（現存せず）から渡船を往復させ、夏場は海水浴客がごった返したといいます。

海水浴場と工業地帯……文字どおり水と油のような取り合わせですが、１９３５（昭和10）年の『沿線案内』にはこんなことが書かれています。

「浅野翁の独創になる鶴見埋立地は常に工業港の先駆《せんく》で、

日々の活動の有様は、近代工業のパノラマであり、工場のスカイラインと機械のジャズとは、近代人をもって任ずる人々の見逃してはならぬ場所であります」

など、この埋立地がいかに最先端かを強調する文句の数々。無機質な工場群を見ながらの海水浴は、プロレタリア的でもありアール・デコ的でもあり……。

　時代の最先端を走った鶴見線と京浜工業地帯は、戦後復興と朝鮮特需でも大いに賑わいますが、やがて公害問題と重厚長大産業の空洞化で徐々に衰退。貨物線は暫時トラック輸送にとって代わられ、乗降客は年々減少の一途を辿っています。国内初のコンビナートは今、高度経済成長というもっとも歴史の浅い時代の遺跡になりつつあるのかもしれません。

終点にはインスタ映えスポットも

　そんな特殊な時層を持つ鶴見線は、その歴史に負けず劣らず、実際に訪れてもさまざまな驚きと感動があります。

　始発駅のJR鶴見駅の西口駅舎は、ホームも含めて1934（昭和9）年築のモダン建築。ヨーロッパの終着駅を彷彿とさせる美しい鉄骨アーチが、私鉄時代の面影を今に伝えています。駅舎南寄り外壁に施工された弧を描く曲面も、およそ現代では造られることのない美しい処理。駅から続く高架下にも、当時のものと思われるデザインが散見します。

　なお、鶴見駅以外の駅はすべて無人駅で、改札は「道徳心」を持ってタッチする自動改札。

弧を描く建物が時代を今に伝える鶴見駅の駅舎

ヨーロッパの終着駅を彷彿とさせる鶴見線の鶴見駅ホーム

無人駅に設置されている切符回収箱

国道駅高架下に遺るアーチ型の窓

国道駅周辺に遺る阿部美樹志設計による国内初の高架下住宅

国道駅の改札周りに見られる、昭和初期を特徴づける型押しタイルの腰壁

国道駅の第一京浜沿いの壁面に遺る機銃掃射の跡

近年は、首都圏でも時間帯無人を導入する駅がではじめました。全ての鉄道の駅が無人化する日も、そう遠くないことなのでしょう。

鶴見駅を出てほどなく、線路の中央にホームの跡が見えてきます。駅前にある曹洞宗の大本山総持寺からその名が付けられた本山駅。昭和初期の開業当時は京浜急行線および現在は廃線の海岸電気軌道線の三駅が集中し、参拝客や通勤通学の乗降客で連日ごった返したといいますが、いつ訪れても静かな現在の駅前からは、想像もできません。

鶴見駅の次は、国道15号（第一京浜）が隣接することからその名が付いた国道駅。暗闇のアーチが別世界へと誘う魅惑的な高架下は、ロケ場所として使われることが多く、ご存知の方もいらっしゃると思います。

1930（昭和5）年の建設当時の姿を今に伝える貴重な駅で、設計は日本のコンクリート工学の父といわれる阿《あ》部《べ》美《み》樹《き》志《し》（1883〜1965）。アーチ状の天井や窓など、当時の建築様式の一つだった表現派のデザインが巧みに散りばめられた高架下は、土木家と建築家の両手腕が発揮された傑作です。また、高架下に施工された国内初の高架下住宅も、ほぼ往時の姿で現存しています。さらに、国道側

木造の屋根がほっこりする浅野駅

現役線とは思えない草が生い茂る浅野駅の線路

仄暗いアーチが異空間へと誘う国道駅の高架下

の壁面には、生々しい機銃掃射の跡も遺る国道駅は、戦跡という意味も含め、一日も早い遺産登録が望まれます。

鶴見から四つめの浅野駅は、鶴見線の生みの親であり、ひいては京浜工業地帯の生みの親でもある浅野財閥の初代総帥・浅野総一郎の名前から命名されたもの。しかし、その由緒ある駅名とは逆に、廃駅とも見紛う姿はまさに「夏草や兵どもが夢の跡」。

浅野駅から分かれる支線の終点が、メディアでもたびたび取り上げられる海芝浦駅です（トップ見開き）。真下まで波が打ち寄せるホームは、いわゆるインスタ映え必至のスポット。海越しに見える製鉄所や鶴見つばさ橋、そして資源化センターの無機的な煙突などの光景が、極上の異空間へ誘ってくれることでしょう。しかし、駅前に建つ東芝の関係者しか構外へ出ることができず、一般客はホームか構内併設の公園で時間を潰し、再び上り電車に乗らなくてはならないという、極めて特殊な駅でもあります。

埋立地の貨物線は生命の根源的な形

浅野駅の次は、浅野総一郎とともに鶴見線と埋立地の造成に大いに貢献した安田財閥の初代総帥、安田善次郎（1

838～1921）の名前から付けられた安善《あんぜん》駅。駅前には、鉄筋造ゆえに戦禍を乗り越えた、かつての浅野セメントの社宅や従業員用の銭湯が今でも遺っています。

安善駅からは、石油支線というちょっと変わった名前の支線が走っていました。その名のとおり、埋立地に建ち並ぶ油槽所から石油を運び出していた線路です。国鉄の時代に廃線となりながら、ほかの線路より綺麗な状態なのは、現在も米軍の油槽所の専用線として使われているため。特に9・11のときには、大量のタンク車が米空軍の横田基地を目指して出動していました。

米軍の油送線路として使われているかつての石油線

かつては、石油線以外にも無数の専用線が敷かれ、埋立地にひしめく大工場から生産された物資を運び出していました。一見、とても無機質な光景に思えますが、海に張り出した埋立地を樹木の葉、工場での生産を光合成、無数の線路を葉脈と考えれば、埋立地に張り巡らされた貨物専用線は、生命の根源的な営みの形なのかもしれないと思ったりします。

安善駅から分岐するもう一つの支線の終点大川駅も、鶴見線と埋立地の創設に貢献し、数々の製紙会社を創った製紙王こと大川平三郎（1860～1936）の名前から付けられたもの。しかし、休日ともなれば日に三便という過疎ダイヤの駅でもあります。巨大な工場群に囲まれた朽ちゆく木造駅舎は、沿線でも群を抜いてタイムスリップを感じる光景でしょう。

また、沿線の駅前には、味のある酒場がぽつぽつとあります。極小の店内でほっこりとした家庭料理が楽しめる、国道駅の高架下で四十余年の「国道下」。奥行きのある店内でゆっくり呑める、安善駅前の角《かく》打《う》ち「ほていや」。安善駅からさらに二つ先へ行った浜川崎駅前にある「浜川崎商店」は、美人女将がきりもりする立ち呑み。いずれの店も、その場末感溢れる魅惑的な店構えとは対照的に、ご常連には埋立地で働くエリートさんも多く、安心して呑めるのが魅力です。

晴れている日には海風が
心地いい海芝浦駅

東京の中心部からわずかワンコインでいける異空間。東京近辺で、ちょっとかわった場所へ旅してみたいと思っている方は、ぜひ鶴見線を訪れてみてください。

草むらの中の廃駅と見紛う大川駅

鶴見線
川崎市川崎区白石町・大川町／横浜市鶴見区扇町２丁目・安善町

鶴見駅　横浜市鶴見区中央1-1
国道駅　横浜市鶴見区生麦5-12
浅野駅　横浜市鶴見区弁天町
海芝浦駅　横浜市鶴見区末広町２丁目
安善駅　横浜市鶴見区安善町
武蔵白石駅　川崎市川崎区白石町１丁目
大川駅　川崎市川崎区大川町２丁目

商店建築の革命、看板建築

海老原商店

電脳シティとして知られる秋葉原の南に、
百年前の看板建築を今に伝える
「海老原商店」が静かに佇んでいます。
当時一世を風靡した商店建築の革命ともいえる
「看板建築」とはどういうものだったのでしょうか。

百年前の商店建築を伝える海老原商店

秋葉原から徒歩約二分、ほぼ秋葉原の一部といってもいい一角に、時の止まったエリアが遺っています。近年まで、多くの古い建物やビルが建ち並んでいましたが、そのほとんどが解体され、遺っているのはほんのわずか。

その中の一つが「海老原商店」。間口は縦長で狭く奥に深い、いわゆる鰻の寝床のような建物で、垂直にそそり立つ正面は総タイル貼り、上部には真ん中にアーチをあしらった銅板の装飾が載っています。一風変わった外観の建物は、今から約百年前に街頭を一世風靡した看板建築です。

商店建築の革命だった看板建築

「看板建築」――。ちょっと耳慣れない言葉だと思いますが、実は都内の、ひいては国内の路面商店の多くが看板建築でできています。「えっ！　ほんと!?」と思われたことでしょう。そう思われた方は、最寄りの商店街を通るときに、そこに建ち並ぶ店の形にちょっと注目してください。一般の家屋と違って、道に向いた面が垂直に立つ四角い壁でできている店がきっとあるはずです。これが看板建築。

看板といっても、実際の広告看板が張ってあるわけではなく、木造建築の道に接した側面に「看板のような」大きくて平らな壁を貼り付けた商店建築を「看板建築」といいます。すでに看板建築をご存知の方も、この看板建築が店構えの「革命」だったことはご存知でしょうか。その歴史は今から約百年前にさかのぼります。

もともと国内の商店は、町家といわれるものがほとんどでした。一階の軒先が二階より突き出し、店の中へ入って商品の品定めをする造りで、今でも酒屋をはじめ、町家造りの商家は数多く遺っています。

しかし、１９２３（大正12）年の関東大震災（以降「震災」は関東大震災）によって、東京は壊滅的な被害を受けました。建物の崩壊は、半壊も合わせて二十六万棟、焼失が四十五万棟。この数は、当時東京中心部にあった建物のゆうに半数を超えています。

震災で廃墟と化した東京に、まずバラックが建ち並び、やがて区画整理が行われて、本格的な建物が建てられていきました。その際に、建物を道に張り出して造ってはいけないという決まりも生まれたため、従来の一階が張り出した町家造りから、なるべく土地を有効利用できる、垂直に立ち上がった造りへと移行します。

おりしも西洋から鉄筋コンクリート造のビルが伝わった時期とも重なり、垂直に立てた店構えの上部を高くして母屋の瓦屋根を隠し、さらに洋風に仕上げることで、少しでも欧米の雰囲気に近づけようと苦心した末に誕生したのが看板建築です。そして、東京の看板建築がひととおり建て終わると、地方から出稼ぎに来ていた大工たちが地元へ帰って看板建築を造った結果、ほぼ本州全域にわたって看板建築が普及することになりました。

ウインドウ・ショッピングの誕生もこの看板建築の構造からといわれ、こうして、従来の商家とは全く異なる店が建ち並ぶ商店街が誕生したわけです。オランダの運河沿いに建ち並ぶ街並みを参考にしたともいわれる看板建築ですが、従来の町家造りから劇的な変貌を遂げた看板建築は、商店建築の革命だったといえるでしょう。ちなみに、看板建築という表現は後年のもので、建設当時は「街路建築」とよばれていました。

二種類の看板建築

ところで、看板建築には、大きく分けて二種類のものがあるのをご存知でしょうか。一つは、震災後に建てられたもの。そしてもう一つは、戦後に建てられたものです。

先の大戦でも、東京をはじめ国内の多くの地域が壊滅的な打撃を受け、焼け野原からの復興に際して再び看板建築が造られました。こんにち、街角で見ることのできる多くの看板建築は、この戦後に建てられたものです。

戦前と戦後の大きな違いは、装飾の有無があげられます。戦前の看板建築は、道に接した面を銅板葺にしたものが多く、戸袋などには凝った和柄文様があしらわれているのをよく見かけます（①）。また、タイル張りのものは、スクラッチタイルとよばれる、表面に引っ掻きキズが入っているものが多用されました（②）。人造石やモルタルは戦後の看板建築でも使われた建材ですが、戦前のものは、屋号などが浮き彫りにされたり、窓枠の周囲に柱状の装飾が施されたりと、ちょっとしたヨーロッパ風の味付けが特徴です（③）。

かわったところでは、マンサード屋根とよばれる腰折れの屋根も、この時代に量産されました（④）。本来はギャンブレルという形ですが、震災後に建設の申請をする際、窓口の担当者がマンサード（実際にはギャンブレル）屋根を載せて倉庫ということにすれば二階建てとして申請できる、と言ったことからギャンブレル屋根が広まったとか。当時、木造で三階以上の建設が禁止されていたため、ギャンブレルは一気に普及しました。なお、時代的な背景や逸話を鑑み、国内ではこの時代のギャンブレル屋根をあえてマンサード屋根とよびます。

かたや戦後の看板建築は、耐火効果が認められなくなった銅板が使われることはほぼありません。タイルも手間がかかる上に値段も張るのであまり使われませんでした。戦後もっとも多く使われた建材はモルタルや人造石ですが、戦前のものに比べると圧倒的に装飾がなく、垂直に立ち上がるフラットな白い壁に、玄関と窓だけという造りがほとんど。その見た目から俗に「豆腐に目鼻」といわれた戦後建築の特徴が、看板建築にも色濃く現れています。

同じ看板建築でも、戦前と戦後ではこれだけ大きな違いがあります。そして魅力的な看板建築といえば、やはりオリジナルでもあり見た目も楽しい戦前のものでしょう。北は上野界隈から、神田、日本橋を通って南は築地あたりまでの一帯で、かろうじて戦災を逃れた地域に集中して遺っています。

❶

❷

❸

❹

戦前の看板建築

上）緑青が美しい銅板葺看板建築の「宮川食鳥鶏卵」は“勝負土産”としても知られる高級鶏肉店（昭和4年築・中央区築地）

左）もっとも典型的な銅板葺看板建築の老舗居酒屋「みますや」（昭和3年築・千代田区神田司町）

下左）全面にスクラッチタイルが貼られた日式洋食の「桃乳舎」（昭和8年築・中央区日本橋小網町）

下右）タイル、レンガ、大理石を貼り分けた1階、付け柱や装飾アーチがあしらわれた2階など、凝りに凝った「万定フルーツパーラー」（昭和3年築・文京区本郷）

絶滅する戦前の看板建築

しかし、先の戦禍をまぬがれた看板建築も、老朽化や持ち主の代替わり、後継者の不在などで、その多くが解体や建て替えの憂き目に遭い、今ではだいぶ少なくなってしまいました。

そんな状況をうけて、２０１５（平成27）年に、歴史的建造物の保存に取り組むアメリカの非営利団体「ワールドモニュメント財団」が、築地に遺る数十軒の貴重な建造物を「絶滅危機遺産」に認定しました。その中には戦前の看板建築も含まれていましたが、認定は拘束力のあるものではないため、その後も解体されてしまった建物は少なくありません。

また、同年に世界遺産登録された長崎の軍艦島をご存知の方は多いことと思います。実はこの世界遺産も似たような憂き目に遭いました。十二年前の２００３（平成15）年、国内で初めて世界遺産へ向けてのシンポジウムが長崎で開かれました。そこには多くの市議や県議の方々が参加していましたが、大方の意見は「あんなゴミの島が世界遺産になるわけがない」というものだったのを今でもよく覚えています。世界遺産にまで認定されるほど価値のあるものが、地元の人には全く理解されていなかった悪例です。

このように、国内ではほんらい貴重な建築遺産、ひいては文化遺産が、その真価を理解されずに解体されてしまうことがしばしばあります。特に、近代以降のもので、しかも看板建築のような在野の遺産に関しては、その価値が学術的に確立されているものが少なく、その結果、建て替えや解体が優先されてしまうのでしょう。

もちろん、費用対効果の面からも、老朽化の面からも、建て替えは必要なことでしょうが、昨今では「Ｋｉｔｔｅ（千代田区丸の内、旧東京中央郵便局）」や「日本橋ダイヤビルディング（中央区日本橋、旧三菱倉庫本社ビル）」のように、以前の建物の外観を遺して再生した上に、全く新しいビルを増築するタワー・オン・ザ・ベースという施工方法もあります。長い時間をかけて熟成した銅板葺の壁も、なんとか再利用できないものかと思います。

救世主、海老原商店

そんな中、東京の神田須田町にある看板建築の「海老原商店」は、近年、見事なリノベーションを遂げて、現在は

1) 凝った型押しガラスが美しい創業当時の玄関の天窓

2) 建物の中心に造られた2階まで見通せる吹き抜け

3) 3部屋に縁側付きで、外見からは想像もできない広い室内

4) 手入れが行き届いて飴色になった木製の壁と昭和初期の急峻な階段

(全て海老原商店)

イベントスペースなどとして活用されています。

海老原商店は１８８７（明治20）年創業のアパレルの店。古着屋からスタートし、戦前は既製服の販売、戦後は生地の卸小売店として営業してきました。リノベーションされたのは１９２８（昭和3）年に震災復興で建てられた看板建築。タイルと銅板が巧みに配された店構えは、現存する看板建築と一線を画した魅力を放っています。震災後の看板建築の中には、正面の装飾を画家が手がけたものも多く、この海老原商店もその一つでした。

店を閉業したのが２００６（平成18）年。それから約十年仕舞屋《しもたや》の状態でしたが、２０１６（平成28）年に「隣接する看板建築の解体を契機に、再生保存を決意した」と語るのは、五代目の海老原義也《よしや》さん。ご本人はもとより、先代のご両親や三代目のおばあさまも含め、家族ぐるみで保存を以前から望んでいたことが最大の要因といいます。

創建当時の部材や技法にこだわり、行政がらみの問題もクリアして生まれ変わった商店は、写真に残る創建当時を彷彿とさせる姿。オーナーが自らその価値を理解し、そして保存の英断をした好例だと思います。

しかし、海老原商店の並びにあった看板建築は、あっさりと解体され、２０２０年の現在は駐車場となっています。

「ただ保存するのではなく、ビルへの建て替えや駐車場にするのと同じくらいの経済効果を伴った再生を考えていきたい」と義也さんは将来の展望を語ってくれました。

街並みを遺すということは、歴史を目に見える形で継承するということ。先代が創りあげてきた街とともに生きるとき、人は時の流れの中で生きている実感と、歴史ある土地で生きる誇りを持てるのではないでしょうか。

海老原商店
千代田区神田須田町2-13-15

【関連情報】
宮川食鳥鶏卵　中央区築地1-4-7
03-3541-0177　10時半～16時　日曜休
みますや　千代田区神田司町1-15-2
03-3294-5433　17時～22時半　日祝休
桃乳舎　中央区日本橋小網町13-13
03-3666-3645　11時～16時半　土日祝休
万定フルーツパーラー　文京区本郷6-17-1
03-3812-2591
Kitte　千代田区丸の内2-7-2
11時～21時（ショップ）・～23時（レストラン）
日本橋ダイヤビルディング
中央区日本橋1-19-1　常時外観見学は可能

街角公園の原点、復興小公園

元町公園

ＪＲ水道橋駅の東口から御茶ノ水方面へ徒歩約五分、
鬱蒼と茂る木々に囲まれた公園が現れます。
幾何学的な装飾の門柱やアーチ型の壁泉など、
ちょっと風変わりな公園は今から約九十年前に造られた「元町公園」。
実はこの公園は、国内にあまたある「小公園」の原点の一つでした。

関東大震災で一変した東京の街並み

公園――。誰もがよく知っていて、よく利用するものだと思いますが、その種類は千差万別です。噴水や広大な広場を併設した大規模公園から、国立公園のような自然を保護するもの、動植物の生態を観察できる動物公園や植物公園、城などの周囲を公園化した史跡公園、さらには交通公園や臨海公園など、じつにさまざまな公園があります。しかし、もっとも馴染み深いのは、街角によくある遊具を併設した小公園ではないでしょうか。

１９２３（大正12）年の9月に起きた関東大震災で、東京右半分を中心に、関東一円は壊滅的な打撃を受けました。一日も早い復興を目指して始動したのが「帝都復興計画」です。土地の区画整理から道路や橋梁、上下水道や電気瓦斯といったあらゆるインフラ、学校をはじめとした教育施設、食堂や職安などの厚生福祉施設など、ほぼ都市機能の全てが復興の対象となりました。

東京には面積の狭い公園が多い

公園の整備もその一つです。震災後わずか数年で、三ヵ所の大公園と五十二ヵ所の小公園が造られました。震災前に三十八ヵ所だったものが一〇五ヵ所となり、一気に二・五倍に。この数には、復興事業として造られた公園以外に、芝離宮や上野などの下賜《かし》された公園や、清澄庭園などの寄付された公園も含まれます。

２０２０年現在、東京にある公園は八千余で、その数は全国でもダントツ一位です。しかし、その合計面積はというと、ダントツ最下位の四十七位。つまり、東京には面積の狭い公園が多いことがわかります。この面積の狭い公園、すなわち昭和の時代に児童公園とよばれた街区公園こそ、震災復興で造られた五十二ヵ所の小公園を基本として、その後造り続けられたものだったのです。

現在は、街角のあらゆるところに設置されている小公園。しかし当初の復興小公園は、基本的に小中学校に隣接して造られました。狭い校庭を補う教育のスペース、罹災時の避難場所、そして地域コミュニティの中心地、という役割を担ったのがこの復興小公園でした。

帝国の未来を担う子どもの育成も

火事を前提とした町づくりが行われた江戸時代、町角には必ず防火エリアとしての広場が設けられていました。しかし、維新以降の近代化で、いつのまにか広場を造ることを忘れてしまった結果、関東大震災では、地震被害よりも延焼被害が大きいという結果を生み出してしまいました。小公園は、この反省の意味も込められていたのです。

また、公園には指導員がいたといいます。今では指導員がいなくても当たり前のように誰もが使う小公園ですが、当時、小公園をより効果的に使うために、多くの指導員を配置していたというから驚きです。

児童遊具を併設した小公園ができる以前、多くの子どもは路地で遊んでいました。不衛生さと危険を併せ持つ路地では、怪我をしたり、時には不良化することも懸念されていたようです。小公園に指導員を置くことで、学校以外の場所でも、健全な児童の育成、ひいては「帝国の未来を担う子ども」を育てるという目的が、その裏にあったともいわれます。

かろうじてリニューアルを免れた元町公園

残念ながら、五十二カ所に造られた復興小公園は、そのほとんどが解体転用されたり、また造り替えられたりしてしまいました。そんな中で、この元町公園が唯一、１９３０（昭和５）年の開園時の記憶を今に伝えています。

昭和五十年代の後半に、老朽化の進行と障がい者用のスロープ設置の要望から、大規模な改築計画が持ち上がりました。そのもっとも大きなテーマは、近代的な明るい公園への改装。つまり、元々の姿とはまったく違う公園に生まれ変わる予定だったのです。

おりしも朝日新聞に、元町公園の歴史的価値を伝える東大教授の記事が掲載され、それを読んだ当時の改築の担当者が、都内に遺る唯一の復興公園と知り、急遽改築案を見直すことに。すでにおおかたの設計が決まっていたのを押しのけての、復元案への路線変更だったようです。

時代を伝えるさまざまなデザイン

復元改修は、開園時の写真や図面を元に進められました。ベンチや階段、藤棚や滑り台など、遺っているものはなるべく生かしつつ補修程度にとどめ、不明瞭なところは下手な改装をしないで手を付けず、なるべく原型に忠実に再現されたとのこと。

外堀通り沿いの正面の入口から見ると、まず左右に蛇腹

外堀通りに面する元町公園の正面入口

正面階段の左右に施工された、時代を伝える幾何学的なレリーフ

園内にいくつかある、ほぼ開園時の姿で遺る藤棚

アール・デコ様式の噴水口が
時代を伝える階段正面の壁泉

状の門柱があり、その奥に階段が続きます。階段の突き当たりにはアーチ型の壁泉が並び、中央の凹みの上部には、アール・デコ様式を踏襲した逆三角形の噴水口が施工されています。

壁泉の左右には、さらに階段が続き、左の階段を上りきると公園一のハイライト、カスケード（斜面を段状に施工して流水させる装置・トップ見開き）が見えてきます。幅の広い階段の中央に四段に造られたカスケードは、初期の

児童遊具を併設した公園の原点を今に伝える双頭型の滑り台

南西の角にあって一際目を引く鷲の彫像

復興小学校にも取り入れられた「表現主義」という建築様式を反映したデザインです。損傷が激しかったものの、完全な造り替えはせず、なるべく元の躯体《くたい》を生かして補修されました。赤っぽく見える着色人造石は改修時のものですが、その色にも綿密な考証が行われたようです。

藤のつるが守ったおかげか、藤棚の石柱は意外に痛みが少なく、ほぼそのままの状態だとか。柱の上部に施された三段の蛇腹装飾が、時代の香りを今に伝えています。

復元時に、南西角の石柱の上にあった鷲の彫像（創建当時のものかどうかは不明）も、石柱の改修後にそのまま同じ位置に設置し直され、公園の中ではひときわ目を引く存在です。鷲もまた昭和初期に多用されたモチーフの一つでした。また、公園の奥、すなわち北寄りには、ほぼ開園当時の姿をとどめる双頭の滑り台も遺っています。

街区公園の原点を未来へ

この改修時に加えられた大幅な変更は、当初の改修目的の一つだった障害者用のスロープが設けられたこと、戦時供出で失われていた鋳鉄製の外柵が工期の都合で復元できなかったこと、壁泉の上部に、壁泉と共通したアーチ型の

装飾のある壁を土砂止めとして施工したこと、隣接する本町小学校との間に、開園時にはなかったフェンスが安全上の理由から設置されたことなどで、それ以外はほぼ開園当時の姿に復元されています。

元町公園以外には、江東区立元加賀公園の壁泉や文京区立大塚公園のカスケード、そして墨田区立両国公園の藤棚など、数カ所に復興小公園時代の名残を見ることができますが、ほぼ開園時の姿で遺るのは、この元町公園だけ。当時の公園に対する期待や現在とはまったく違う目的、そして時代を伝えるデザインとともに、街区公園の黎明期を伝える貴重な遺産として、ぜひ後世へ遺してもらいたいものです。

東京ドームシティへお出かけの際は、ちょっと寄り道して九十年前へ時間旅行ができるタイムマシンに乗ってみるのはいかがでしょうか。

元町公園とおなじアール・デコ調の出水口がある元加賀公園の壁泉

柱のデザインが元町公園とは異なる両国公園の藤棚

復興公園ではないが、多くの復興公園を手がけた井下清設計の大塚公園には、ライオンの噴水口付カスケードが遺る

元町公園　文京区本郷1-1-1

【関連情報】

元加賀公園　江東区白河4-3-27

大塚公園　文京区大塚4-49

両国公園　墨田区両国4-25-3

巨大な防空壕が眠る禅寺

多寶山成願寺

東京メトロ丸の内線の中野坂上駅から山手通りを
徒歩で南下することおよそ五分。
道端に大な達磨の筆絵と竜宮城のような門が現れます。
室町時代に創建された「多寶山成願寺《たほうざんじょうがんじ》」は、
なんと戦中の防空壕が今も眠るお寺。

中野の創始にまつわる古刹

　成願寺の開基である鈴木九郎（1371頃～1440）は、紀州で熊野神社の祭祀を代々務めた鈴木氏の末裔で、室町時代の応永年間に多摩郡中野邑（現在の東京都中野区）にやってきたと伝えられます。馬の飼育販売で財をなし、中野から西新宿にかけての荒地開拓に尽力したことから中野長者とよばれるようになりました。

都の指定史跡になっている中野長者鈴木九郎の墓

　祭祀の家系の出ゆえに信心深く、故郷の十二所権現を自ら開拓した地に勧請。これが現在も西新宿にある十二社《じゅうにそう》熊野神社です。

　しかし娘を十八歳で亡くし、その悲しみから出家して名を「正蓮《しょうれん》」と改め、1438（永享10）年に禅寺の正観寺を建立。後年は、娘の供養と曹洞禅宗の普及に精進したといいます。その後、江戸の初期に十二社から移転し、自邸を改築して開いたのがこの成願寺でした。

　鈴木九郎の墓は境内のほぼ中央にあり、身分の高い人に用いられることが多い宝篋印塔《ほうきょういんとう》型の墓石は、東京都の史跡に指定されています。

境内に眠る巨大防空壕

　そんな縁起を持つ成願寺境内の片隅に、防空壕がひっそりと眠っています。先の大戦の際には、多くの家の庭などに、簡易な防空壕がありましたが、それらの多くはすでに埋められたり壊されたりしてしまいました。こうして防空

post card

恐れ入りますが、
切手をお貼り
ください

810-0041

福岡市中央区大名2-8-18
天神パークビル501

書肆侃侃房 行

□ご意見・ご感想などございましたらお願いします。

※書肆侃侃房のホームページやチラシ、帯などでご紹介させていただくことがあります。
不可の場合は、こちらにチェックをお願いします。→□　※実名は使用しません。

書肆侃侃房　http://www.kankanbou.com　info@kankanbou.com

■愛読者カード

このはがきを当社への通信あるいは当社発刊本のご注文にご利用ください。

□ご購入いただいた本のタイトルは？

□お買い上げ書店またはネット書店

□本書をどこでお知りになりましたか？

01書店で見て　02ネット書店で見て　03書肆侃侃房のホームページで
04著者のすすめ　05知人のすすめ　06新聞を見て（　　　　新聞）
07テレビを見て（　　　　）　08ラジオを聞いて（　　　　）
09雑誌を見て（　　　　）　10その他（　　　　）

フリガナ
お名前
男・女

ご住所　〒

TEL（　　）　FAX（　　）

ご職業　年齢　歳

□注文申込書

このはがきでご注文いただいた方は、**送料をサービス**させていただきます。

※本の代金のお支払いは、郵便振替用紙を同封しますので、本の到着後１週間以内にお振込みください。
銀行振込みも可能です。

本のタイトル	冊
本のタイトル	冊
本のタイトル	冊

合計冊数　冊

ありがとうございました。ご記入いただいた情報は、ご注文本の発送に限り利用させていただきます。

現在も遺る防空壕内唯一の部屋

裏庭にひっそりと佇む防空壕の出入口

壕が遺っていること自体が、東京ではとても貴重なことといえます。

本堂となる大雄宝殿の傍から半地下の細い通路を抜けて裏庭に出ると、目の前に現れる木製格子の扉が防空壕の入口です。周囲はなだらかに盛り上がる小高い丘で、この隆起した土地の下に防空壕は造られていました。

総延長約40メートル、高さ約2メートル、総面積は約80平方メートル。軍が築造した防空壕司令部などと比べれば小規模ですが、一般家庭に造られたものよりは、はるかに立派な防空壕です（トップページ）。

壕へ入ると、仄かに土の匂いが漂い、湿度が肌にまとわりつくのを感じます。ほどなくして右へ直角に曲がっているのは、爆風除けの措置でしょう。メインの壕は緩いジグザグ状で、奥まで見通すことができ、突き当たりから再び直角に右折して、反対側の出入口へと通じています。壕の壁面が鉄板で覆われているのは、数十年前に崩落防止の目的で施工したため。

これだけ大きな防空壕を掘るのはさぞたいへんだっただろうと想像しましたが、鉄板の隙間から顔を出すかつての壕の表面に触れると、ほんの少し力を入れるだけでポロポロと崩れる、とても柔らかい地質であることがわかります。この規模の壕を造ることができたのも、きっとそのおかげでしょう。

かつてはいくつもの部屋があり、それぞれ本堂や風呂、そして雪隠《せっちん》などに使われていたそうですが、現在遺るのは中央付近の小部屋一つで、小さな仁王様が一体と温度計が置かれています。気温は十六度。壕の中は温度が一定なので、夏は涼しく冬は暖かいようです。

この防空壕は、先の大戦の際、先代の住職が空襲に備えて掘ったものでした。近隣住民は、空襲のたびに大きな荷物を持って子供と一緒に逃げ込み、幾度も難を逃れたといいます。

1945（昭和20）年5月25日の深夜、中野から東京駅までを火の海にした山手大空襲によって、成願寺も全ての堂宇《どうう》（堂の建物）や多くの仏像が焼き尽くされてしまいました。しかし、ご本尊、ご開山さま、そして一部の古文書は、防空壕の小部屋に移していたおかげで、かろうじて守られたそうです。戦争の記憶を風化させない遺産として、いつまでも遺ってほしいと思います。

防空壕の他にも見所満載

成願寺は、防空壕のほかにも見所が満載のお寺です。まず最初に目に入るのが「大観通宝」の文字を浮き彫りにした軒瓦《のきがわら》の先端を飾る瓦当《がとう》。ほぼ全ての瓦当が、古銭を模した形をしています。

ある日、鈴木九郎が痩せ馬を千葉の馬市へ売りに行く途中、浅草観音へお参りをし、高値で売れた場合、その中に混じった大観通宝は全部観音様へ差し上げると誓いました。

馬は高値で売れますが、受け取った通貨を見ると全て大観通宝！　しかし、観音様との誓いを守り、全てを観音様へ納めて仕事に邁進した結果、中野長者といわれるまでに事業が成功したという伝説に因んでいます。

観音信仰とのつながりが強い成願寺には、西国や秩父など、あわせて百の観音霊場と同じ姿の観音菩薩を安置した圓通閣（百観音堂）があり、百観音霊場詣りと同じ功徳があるとされます。

また、黄檗宗《おうばくしゅう》の寺院ではよく見かける竜宮城を思わせる明朝様式の三門は、曹洞宗の寺院としては珍しいものといえるでしょう。

その他、中野区内で唯一の大名家の墓である鍋島家の十三基の墓碑や、邪鬼が支える香炉と十二支が屋根を護る香炉堂など、見応えのあるものが境内に点在します。


なお防空壕は、事前に申し込めば見学が可能なので、一度訪れてみるのはいかがでしょうか。もちろん寺院なので、お参りもお忘れなく。誰でも参加できる坐禅会や仏像彫刻教室なども、定期的に行われています。

大観通宝の瓦当

竜宮城を思わせる明朝様式の三門

中野区内で唯一の大名家の墓所である鍋島家墓所

多寶山成願寺
中野区本町2-26-6
ウェブサイト：www.nakanojouganji.jp
防空壕の見学は要事前予約

大戦間時代の建築

「黄金の二十年代」あるいは「狂騒の二十年代」といわれた1920年を挟む大戦間時代は、自家用車や家電が普及し、大量生産と大量消費が始まった、いわば現代の原点のような時代です。

劇的な変貌をとげる時流にあわせ、さまざまな分野で新しい表現が生まれては消えていきました。特に建築が芸術とこれほど密接に関わった時代は、ほかに類例を見ません。

鉄やガラス、そしてコンクリートといった建材を大量生産できるようになったことで、自由な発想の建築が可能になり、建築百花繚乱ともいえる時代が訪れました。

新しい造形の探求

話は、みなさんもご存知のピカソあたりから始めたいと思います。二十世紀初頭にピカソが描いた、全方位から眺めた人体を二次元にしたような絵画は「キュービズム（立方体派）」とよばれ、表現の世界に大きな衝撃を与えました。

1910年代になると、この動向に触発された多くの作家たちが、従来の古典的な表現を捨て、時代に即した新しい表現を模索するようになります。

機械化がもたらした近代のスピード感を肯定的に表現したイタリアの「未来派」や、逆に新しい社会への警鐘的なメッセージを、誇張した造形で主観的に表現したドイツの「表現主義」などなど。

幾何学的なフォルムを特徴としたこれらの芸術運動は、演劇、絵画、映画、そして建築など、造形に関わるあらゆる分野の表現に大きな影響をおよぼしました。

相対性理論を実証するために建造された1924年竣工の「アインシュタイン塔」は、まるで昔のアニメに登場する歪んだ建物のような外観で、ドイツ表現主義の代表作といわれます。しかし、突き詰めるほどに実用性が失われていく表現主義は、あまり建築むきとはいえず、どちらかといえばその後の新しい造形を生み出す演習のようなものだったといえるでしょう。

アインシュタイン塔（ドイツ／ポツダム）

ドイツ表現主義の思想は「分離派」とよばれた建築会を通して日本にも広まっていきますが、その複雑な造形の中からアーチ型の窓や丸みを帯びた壁などの象徴的なパーツがパターン化して、普及しました。

1933（昭和8）年築の「高輪消防署二本榎出張所」は、国内で変質しながら定着したドイツ表現主義の一例です。連続するアーチ窓や丸窓を配した幾何学的なフォルムは、現代では古典的なものにすら見えますが、それだけこの造形が後の世に広まった証拠ではないでしょうか。

高輪消防署二本榎出張所（港区）

モンドリアンのキャンバス作品「赤、黄、青と黒のコンポジション」

そして、1910年代も後半になると、未来派や表現派にあった「主観的な表現」を取り除き、純粋に幾何学的な要素だけで作り上げる動向へと変化していきました。

縦横の直線と三原色でシンプルに描いたオランダの画家ピエト・モンドリアン（1872〜1944）の「新造形主義」や、幾何学的な芸術を、生活レベルにまで広めようとしたロシアの「構成主義」などがこれにあたります。

F・L・ライトの功績

この時代を俯瞰しながら、独自の建築論で後世に絶大な影響を与えた建築家として、アメリカのフランク・ロイド・ライト（1867〜1959）があげられます。

独創性溢れる幾何学的造形や、建物の内外を連続的に見せる空間造りは、多くの信奉者を生み出しました。

幸運なことに、本国のアメリカ以外でライトの建築が遺るのは日本だけです。帝国ホテルの設計で来日したライトは、その間に多くの設計を手掛けました。その一つが、いまも池袋の一角に遺る、1921（大正10）年竣工の「自由学園明日館《みょうにちかん》」です。

自由学園の初代校長である羽仁吉一・もと子夫妻が、ライトにとって弟子のような存在だった福島出身の建築家遠

自由学園明日館のホール（豊島区）

藤新（１８８９〜１９５１）を介してライトに依頼し、遠藤と共に完成させた学校建築でした。

ホールの大ガラスに施された、あみだくじを斜めにしたようなデザインはライトの真骨頂。ガラスのみならず、館内のいたるところに散りばめられた幾何学的な装飾が、独特の空間を生み出す、珠玉の建築といえるでしょう。

時代の華、アール・デコ

そして造形の世界は、１９２５年に二つの大きな転機をむかえました。その一つが「アール・デコ」です。

同年に開催された「パリ万国装飾美術博覧会」の通称から命名されたこの様式は、その出発点が示すとおり、装飾美術が中心のものでした。

二十世紀の初頭から模索されてきた幾何学的造形はもとより、時代や地域を超えたさまざまなデザインを取り込んで一つの世界にまとめあげたような装飾です。

インテリアに多用されたことから、その延長線として建物も数多く建造されました。特に景気の良かったアメリカで建設された、クライスラー・ビルやエンパイア・ステート・ビルなどはその好例です。

国内に、アメリカのようなド派手なアール・デコの建物はありませんが、海外の建築家やデザイナーに依頼した建物に、素晴らしい作品がいくつか遺っています。

そのうちの一つが１９３７

(昭和12）年竣工、アメリカの建築家W・M・ヴォーリズ（１８８０～１９６４）設計の「山の上ホテル（旧・佐藤生活振興館）」です。

屋上のゴツゴツとした塔屋や三階の窓下に施工された逆三角形の装飾と、その下に伸びる幾何学的な付け柱など、地味ながらアール・デコのデザインを今に伝えています。

山の上ホテル（千代田区）

革命的な国際様式の誕生

１９２５年のもう一つの転機が、アール・デコとは真逆に、いっさいの装飾を捨て、機能的で合理的な万国共通のデザインを掲げた「国際様式」の誕生です。提唱したのは、ドイツの建築家W・グロピウス（１８８３～１９６９）で、のちに「近代主義（モダニズム）」とよばれるものの原点となりました。

グロピウスが初代校長を務めたデザイン学校「バウハウス」。その二代目の校舎は、グロピウスが自ら設計し、１９２５年に竣工したもので、直線的なサッシュの大きな窓や無装飾な箱型の外壁など、まさに国際様式の思想を形にした象徴的な建物です。

従来の既成概念を根底から覆した国際様式、ひいては近代主義は、瞬く間に世界中に拡散していきました。

日本でも、国際様式は早くから取り入れられ、初期の頃には表現主義的なデザインを採用していた復興小学校も、後期になると国際様式で建設されるようになります。

１９３２（昭和7）年築の「深川東京モダン館（旧・深川食堂）」は、現存する国際様式の建物の中でも、特にバウハウスを彷彿とさせる外観が印象的です。

灯台下暗し

ところで、欧米がさまざまな試みを経て辿り着いた、建築の革命ともいえる近代主義ですが、しかし、その感覚は元来日本人の中にあったものだと思います。モンドリアンやライト、そしてグロピウスが形にした、直線的でシンプルな構成、外界と室内を緩やかに繋ぐ造り、そしてピロティとよばれる吹き抜けの構造などは、障子格子や縁側といった、まさに日本建築が得意としてきたものでした。

欧米にとっては新鮮だったモダニズムも、日本人には馴染みがあるものだったはず。その昔から造り続けていた日本建築を近代的な素材でアレンジしていれば、世界をリードするモダニズムが日本で誕生していたかもしれません。

しかし、文明開化以来、欧米の吸収とアレンジに注力しすぎて、自国の文化を生かしきれなかった、ということではないでしょうか。

そのほか、露骨な和洋折衷の「帝冠様式」や、邸宅建築に見られた「スパニッシュ様式」、章内で触れた「看板建築」など、日本独自の様式も含めた建築百花繚乱ともいえる時代は、戦争の足音とともに幕を閉じました。

大戦間時代にあまり普及しなかった国際様式は、壁と窓だけという極端にシンプルな形、いわゆる「豆腐に目鼻」となって戦後昭和を一世風靡することになります。そして、次の章で触れるように、日本発の建築が世界を席巻するのもまた、戦後を待たねければなりませんでした。

バウハウスの校舎（ドイツ／デッサウ）

深川東京モダン館（江東区）

戦後昭和

敗戦で無に帰してもなお、不死鳥の如く甦った東京
戦後の混乱から高度経済成長の過程で生まれた
光と影の痕跡を掘り起こします

戦後の食糧難を支えた民生食堂

下総屋食堂

ＪＲ両国駅から北へ三分ほど歩いた安田庭園沿いに、味のある店構えの民生食堂「下総屋《しもふさや》食堂」があります。今ではめっきり姿をみなくなった「民生食堂」とは何か。戦前から営む下総屋の二代目女将にお話をうかがいました。

両国で百年続く大衆食堂

ＪＲ両国駅の北口は、今では両国国技館や江戸東京博物館がランドマークとして知られますが、それ以前は国鉄の車両基地とやっちゃ場（野菜市場）があり、さらに明治時代には陸軍施設があった、少し変わった時層を持つエリアでした。

そんな街の一角に、とても味のある店構えの「下総屋食堂」はあります。広島出身の先々代が１９３２（昭和７）年に開店した老舗の大衆食堂。店構えは戦後の看板建築ですが、かろうじてこの一帯だけ戦禍を免れているので、建屋自体は１９２３（大正12）年９月に発生した関東大震災後に建てられたままだとか。藍色に染め抜かれた屋号ののれんが、年季を偲ばせます。

東京都のマーク入り「東京都指定民生食堂」のプレートが貼られたおかず棚。上段にはなぜか懐かしい怪獣のソフビが

そして、店内にあるおかずの陳列棚の上には「東京都指定民生食堂」のプレートがしっかりと貼られています。民生食堂……ご存知ない人もいらっしゃると思うので、少し民生食堂のお話を。

戦後の食糧難を支えた民生食堂

時は戦時下。食糧難の時代を迎えた日本では、米の配給制と同時に、食堂も登録制に。一人ひとりの米の量を記録する「米穀通帳」が発行され、単身赴任者など、主に外食で暮らす人は、米穀通帳を提示して「主要食糧選択購入切符」、いわゆる「外食券」を交付してもらい、登録された食堂で食事をしていました。

戦後になると外食券が高値で取引されたり、闇市では外食券がなくても雑炊を供する「雑炊食堂」ができたり、さらには物資の供給が安定するようになったことも手伝って、外食券の必要が徐々に薄れていきました。そして１９５１（昭和26）年に外食券制度は廃止。この時、外食券食堂を営んでいた店が都に指定されて「民生食堂」となります。

都が販売価格を指定するなどして、三食を外食で暮らす人たちの食生活の安定を目的とした制度でした。戦後の食糧難の時代、国民の空腹を満たし、明日への活力に大きく貢献したのが民生食堂だったのです。

下総屋食堂は戦前から営業しているので、一般食堂から外食券食堂、そして民生食堂という歴史をつぶさに歩んできたことになります。そして二代目の女将さんと三代目の息子さんが切り盛りする食堂は、２０２０年の今も健在。味付けは初代からの直伝といいます。戦前の関東にしては珍しい、少し甘めの味付けは、初代が関西のご出身だからでしょうか。それとも、砂糖を使うことが贅沢だった名残でしょうか。

かつては都内に五百軒以上もあったが……

二代目の女将さんが下総屋へ嫁いだのは１９５４（昭和29）年のことでした。すでに民生食堂になっていた時代ですが、それでも昭和三十年代の中頃までは、外食券を持って食べに来るお客もいたようです。

「お嫁に来た頃は、コンビニもないし、立ち食いもないし。朝七時からお店を開けてたけど、すぐにいっぱいでしたよ」

と思い出を語ってくれます。

民生食堂は地域ごとに組合を作り、下総屋のある両国は錦糸町や押上界隈と同じ組合でした。しかし、組合はすでに解散し、かつて十数軒あった会員の店も、営業するのはもはやここだけ。この組合にかぎらず、全盛期には都内に５１３軒あった民生食堂も、いまではほとんどが姿を消し、現在でも営業しているのは、中野区の「天平」や「野方食堂」、文京区の「かめや」、港区の「ふじや食堂」など、数えるばかりです。

「今は九時半から営業してるけど、朝ごはんを食べる人がいなくなったね。スーパーやコンビニでおにぎりを買ってすませる人も多くなったし」

それでも、ランチタイムは近隣で仕事をする人で混み合うようですが、ピークはそこまで。

「暇じゃないですか？」とたずねられたこともあったようですが、女将も「見てのとおりですよ！」とキッパリ。二年前に旦那さんが他界し、約一年休業していました。しかしその間、再開を願う電話が何本もあり、再び店を開けた時には、ご常連が何人も来てくれたそうです。

フランス人がスマホで伝えた「おいしい」

最近は、中国人や韓国人をはじめとした海外からの旅行者がよく訪れるといいます。パリから来た若い女の子がひとりで来店した時の話。おかず棚をさんざん眺めたあげく、ごはんだけを注文し、醤油をかけて食べはじめました。

「あまりにかわいそうだったんで、おかずの盛り合わせを出してあげたわよ」

二代目女将の暖かい人柄がうかがえます。パリの女の子は最初におかずだけをたいらげ、醤油かけごはんを食べた後に、スマホの翻訳機で「とてもおいしかったです」と女将に伝えたそうです。

「飽食の時代」といわれて久しい現在、おそらく東京は、世界で最も外食の種類が豊富な都市かもしれません。少なくとも、朝は和食、昼には中華、そして夜はイタリアンがあたりまえの食生活になりました。

しかし、たった五、六十年前に食券がないと外食ができず、栄養もろくに摂れなかった時代があったことを民生食堂は教えてくれます。そんな時代に想いを馳せながら、優しい味のサバの味噌煮定食を、体の隅々まで沁み込ませました。

下総屋食堂
墨田区横網1-12

【関連情報】
天平　中野区大和町3-10-14
野方食堂　中野区野方5-30-1
かめや　文京区根津2-18-1
ふじや食堂　港区麻布十番3-7-1

どれも優しい味わいの、筍と高野豆腐の煮付に鯖の味噌煮の定食

「大衆食堂」という言葉がぴったりのシンプルな店内

レトロ・フューチャーな路地裏

中野新仲見世商店街

ＪＲ中野駅の北口から徒歩五分。
サンモール商店街を抜けて少し東にある「中野新仲見世商店街」は、
まるで映画のセットのような空間に、ノスタルジーとフューチャー、
そしてカオスが混在する、ちょっと不思議な商店街です。

もっとも古くなった商店街

「中野新仲見世商店街」（以降、新仲見世）は、戦後の１９４９（昭和24）年に発足した、中野北口の中では新しい商店街で、隣接する「ふれあいロード」が、その昔は仲見世商店街だったことから「新」と名付けられました。

しかし、ほかの商店街が時代の変遷とともにそれなりに変化する中で、新仲見世には発足当時の雰囲気が色濃く残り、今ではもっとも古い商店街の印象です。

一本の通路の両側に商店が建ち並ぶのが一般的な商店街だとすると、新仲見世はちょっと複雑な路地の造りが特徴です。おおよそ25メートル四方の土地の中央に、島のように建物が建ち、その周りをぐるりと囲むように路面店が軒を連ねます。

ほとんどの土地は私有地ですが、島のように建つ建物に隣接した小広場だけは、なぜか公共地。これは、江戸から受け継がれた、防火を兼ねる集会場所としての役割を維持するための措置ではないでしょうか。

小広場の端には、昭和四十年代の後半に植樹した桜が育ち、春には花見、夏には流しそうめんなどが、商店街の行事として行われていたようです。

１９７５（昭和50）年頃、小広場が突然陥没した事件がおきました。さまざまな噂が飛び交う中、戦中をご存知の古老の一声で、かつての防空壕の崩落が原因と一件落着。しかし、その真相は未だに謎のままだとか。

味のある老舗の数々

２０２０年現在、二十軒余ある路面店は一店舗を除いて全て飲食店で、しかもチェーン系は一切ありません。開店当時の店構えで営業する老舗が何軒もあり、また新参の店舗でも建屋はほぼ戦後すぐの看板建築のまま。夕暮時、店に明かりが灯ると、映画のセットのような光景が浮かび上がります。

北西の奥に店を構える「ＰＥＰ」は、近年オープンしたワインバル。しかし入口の上を見ると、なぜか「中華料理北京亭」の看板が。北京亭は１９５４（昭和29）年創業の町中華。ファンも多い人気店でしたが、ご主人がお年を召して数年前に閉店。看板は名残を惜しむように、その歴史を伝えています。

現役の古参は、小広場の東にある１９６６（昭和41）年開業の「武蔵野そば処」。数々のグルメ雑誌でも取り上げられる、本格手打ちそばの老舗です。そばの美味しさはもちろん、ネギとワサビ以外に四種も添えられる色とりどりの薬味が目も楽しませてくれます。特に菊の花は、そばとの相性抜群。

少し遅れて創業した串焼きうなぎの「川二郎」や、元力士の二子竜さんが切り盛りするちゃんこ鍋の「力士」、そして焼き鳥の「仲野」など、いずれも純和風な装いで、新仲見世のノスタルジックな風情を盛り上げます。

また、白く塗られた木調の壁がおしゃれな「マロ」は、昭和五十年代の初頭にオープンした、エリア内で唯一の喫茶店。ほぼ創業時の内外装ながら、あまり古さを感じないのは、ちょうど喫茶店の内装が従来の装飾過多から、今に通じるシンプルなものに移行した時代を反映しているからでしょうか。それでも、カレーライスやナポリタンと定番ドリンクのセットメニューには、懐かしさを感じます。

飲食店ではない一店舗は、なんとレコード屋さん。「文化堂」という屋号が、商店街の発足はおろか、戦前の香り

商店街の中央にある小広場と大きく育った桜の木。その奥に店を構えるのが老舗の武蔵野そば処

どこを切り取っても絵になる狭い路地。右に写るのがマロ

戦後すぐの看板建築が並ぶ昼の光景。中央が串焼きうなぎの川二郎、その左隣がレコード店の文化堂

すら漂わせます。マホガニー色の扉や石膏の彫像が睨みをきかす店内など、開店当時から何も変わっていないのには、ただ驚くばかりです。

　そのほか、ラムパクチー餃子がやたらとおいしい「やまよし」や、女性シェフがきりもりする洋食酒場「カラフル」などの新参の店も、あたかも昔からあったような店構えにしているのは、開店するオーナーたちの、新仲見世への愛の表れ（改装費の問題もあるとは思いますが）でもあるのでしょう。

中野の魔窟、ワールド会館

　そして、新仲見世の最奥に鎮座するのが、平成の初めに「ワキ毛の女王」自殺未遂事件で話題となった「ワールド会館」。もともとホテルとして開業し、その後ビジネスホテルと飲食店を併設する雑居ビルに。

　バブルの時代にはきらびやかな看板がひしめきましたが、その後いくたびも店舗が入れ替わり、今では「アニソンカラオケバーZ」や特撮を観ながら一杯呑める「空想科学」、そしてお坊さんの説教が聞ける「坊主バー」など、個性的すぎる店舗がひしめくさまは、オレンジ色のタイルが貼られた外階段の異様な雰囲気と相まって、中野の九龍城ともよばれています。

世界初!?　アバター・スタンドバー

　そんな新仲見世でもっとも新しい店は、２０１９（平成31）年の春にオープンした「アバスタンド」。なんと世界初!?　アバターの立ち呑みです。一坪くらいの極小店舗で、路面に張り出したカウンターに設置されたモニターを通して、アバターと会話をしながらお酒を楽しむ店。

　アバターの先には業務提携した会社のスタッフが空き時間で自宅などに待機し、通常のウェブカメラと同様のコミュニケーションをとりますが、お客さんが見るのは通信先のリアルな本人ではなく、動作や表情がシンクロしたアバターです。

　広告会社出身のオーナーは、もともと独居老人の対話ツールとしてアバター・コミュニケーションを開発。しかし、医療系などへセールスをしていくうちに、アバターとの対話がまだまだイメージがしにくいと感じ、プロモーションを兼ねて開店したとのこと。

　現在は、スタンディング・バーの形態ですが、ゆくゆく

中野の魔窟ともいえるワールド会館

はスマホなどの端末アプリで、アバターとのやりとりができるようにしたい、と抱負を語ってくれました。

リドリー・スコットの名作映画『ブレード・ランナー』に登場するロサンゼルスをも連想させる、アジアンチックなカオスと近未来とノスタルジーが同居した中野新仲見世商店街は、夕暮れ時から夜に訪れることをお勧めします。

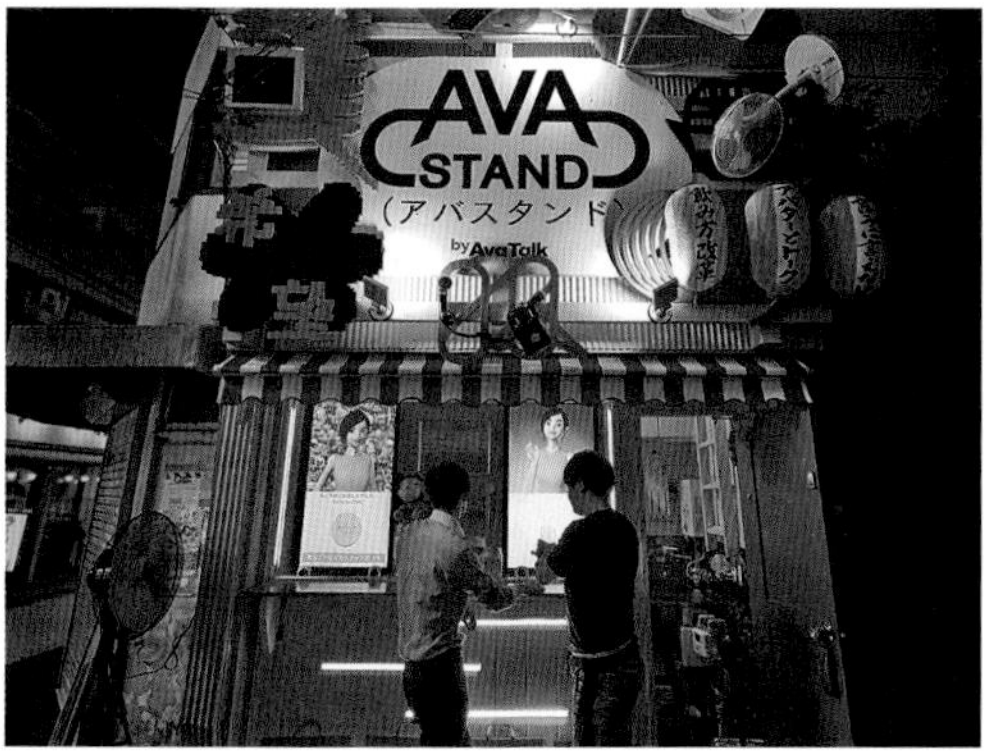

世界初!? アバターと会話しながら呑める「アバスタンド」

中野新仲見世商店街　中野区中野5-55

【関連情報】
武蔵野そば処　03-3389-4751　18時～0時　日曜休
川二郎　03-3389-4192　17時～21時　日曜休
マロ　03-3388-9519　12時～23時　月曜休
文化堂　03-3387-7603

青線を今に伝えるディープスポット

新宿センター街

日本最大の不夜城、新宿歌舞伎町。
その中で、もっともディープなスポット「新宿センター街」。
令和とは思えないバラックが建ち並ぶ路地を歩くと、
まるでヤミ市へタイムスリップしたような錯覚に襲われます。

ヤミ市と新宿センター街

新宿センター街の歴史は、戦後すぐの混乱期に遡ります。当時、新宿の駅前には、尾津組、和田組、野原組、安田組などが運営するマーケットと称したヤミ市が広がっていました。

しかし、１９４９（昭和24）年のＧＨＱ指導による「露店撤廃令」で、駅前のマーケットは解体移転を余儀なくされます。もっとも多くの店舗を抱えていた和田組は、いったん甲州街道沿いに移り、その後さまざまな地域へ移転したうちの一つが「新宿センター飲食街」でした。四棟の店舗兼住宅ビルを建て、一階に赤線まがいの飲食店を連ねたのが始まりです。

和田組は、センター街のみならず周辺地域にも移転して「歌舞伎小路」や「歌舞伎新町」を展開。同時に、尾津マーケットを前身とする竜宮マーケットも歌舞伎新町の東隣に移転して「花園歓楽街」を、また新宿二丁目にあった露天商がその北隣へ移転して「花園小町」を造りました。いずれもセンター街と同様に赤線はだしの一杯呑み屋が多く、一帯は一大違法娼館街へと変貌していきます。

新宿の赤線と青線

江戸時代の章で触れた内藤新宿の岡場所は、明治以降も新宿二丁目界隈に移って「貸座敷」を営んでいました。戦後、ＧＨＱによる廃止要請が出された後も、業者は既得権益を主張して警察の黙認を取り付け、特殊飲食店、通称「特飲店」として存続します。

そして、これら特飲店の集中するエリアを把握しやすいように、警察が地図を赤鉛筆で囲ったことから「赤線」といわれるようになりました。

新宿の赤線は特に料金が高く、吉原を凌ぐほどだったともいわれます。その結果、遊びたくても遊べずに流れてきた客を相手に、特飲店ばりの一杯呑み屋を始めることが、移転したばかりのマーケットにとっては、手っ取り早かったのでしょう。このような違法の娼館街を赤線に対して「青線」とよび、東京に数知れずあった青線の中で、もっとも多かったのが新宿です。

最盛期には約１８０軒の店で３００人近い女性が働き、二～三畳の狭い部屋や「ちょんの間」とよばれた屋根裏部屋で春をひさいでいました。青線がある程度まとまったエリアで営業していたのは、既成事実を作り上げて、赤線の営業許可を取るためだったといわれます。しかし新宿の青線に認可がおりることはなく、売春防止法が施行されるまでの約十年、非合法のままずるずると営業し続けました。

　現在、大通りに面した歌舞伎小路や歌舞伎新町には、中層のビルが立ち並び、かつての面影は感じられません。しかし、入店する飲食店のほとんどが風俗系の店舗で、青線の遺伝子が脈々と受け継がれているのがわかります。

　それに対し、現在のセンター街に風俗店はありませんが、四棟の低層ビルは現存し、非合法営業時代の屋上脱出路が青線の歴史を色濃く伝えます。

　いずれにせよ、センター街を含む大青線地帯が、こんにち国内最大の歓楽街となった歌舞伎町のルーツといえるでしょう。

青龍刀事件

　やがて青線の灯火は消え、さらに平成に入った１９９４（平成６）年の夏、センター街の中にあった中華料理店「快活林」で、上海マフィアの構成員五人が店を襲撃し、二人が死亡するという事件が発生します。

　当時歌舞伎町には、上海のほかに北京や福建など、出身地ごとの中国系マフィアが暗躍し、常に利権争いを繰り返していました。特に上海系の組織は大きく、それを快く思わない他の勢力が、虎視眈眈と失墜の機会を狙っていたといいます。

　そして、北京マフィアに雇われた福建の組員が、上海系のクラブを襲って従業員を刺殺する事件を皮切りに、抗争が激化していきます。センター街での事件は、上海系による北京系への報復でした。

　実際に使われたのは出刃包丁やサバイバルナイフでしたが、中国マフィアの象徴的な武器であることから「青龍刀事件」として歴史にその名を残しています。

　この事件は、馳星周のベストセラー『不夜城』によって広く知られ、金城武主演の同名映画でご存知の方も多いことでしょう。新参の店ですが、オイスター&珍味の店「不夜城」の看板が、センター街の「思い出」を今に伝えます。

上海小吃

　事件の舞台となった快活林はもうありませんが、この一角には現在も二軒の中華料理店が営業しています。

四棟のビルのうち、三棟で店舗展開する「上海小吃《しゃんはぃしゃおつー》」は、九十年代の終わり頃に開店した本場中国料理を出す人気店。「本場」というだけあって、日本人には馴染みのない料理が目白押しです。

センター街の入口。中央に見える縦の看板が牡蠣と珍味の店、不夜城

特に大グモやサソリ、ムカデなどの姿揚げにはびっくり。苦味の効いた川海老といった印象で、変な味ではありませんが、食べ慣れていないと、なかなか手が出ません。

牛のペニスにも驚かされますが、これも少し歯応えのあるゼラチンに近い食感で、食材自体にさほど味はなく、味付けによって好みが分かれるような料理といえるでしょう。もちろん、一般的な中華料理も豊富で、なかでもハマグリの醤油煮に浸して食べる揚げパンは絶品。

本館の他に別館や新館など、ふんだんにスペースがあるので、予約なしで訪れても、ほぼ入れるのも魅力です。

バラックのバー

四棟のビルを囲む路地のバラック酒場も、異世界へ迷いこんだような錯覚に襲われることでしょう。ひしゃげたトタンやベニヤ張りの建屋の上に、さまざまなゴミがのる光景は、およそ令和の新宿のものとは思えません。

「東京都章」の旗をふるキモカワのイラストが壁面に描かれた店、路地の曲がり角で二十年以上営業を続ける、おでんの美味しい店、面白いおかまのママがきりもりする蒼い

アジアのカオスが凝縮されたような一角

ぎっちりつめて4人しか入らない極小店舗の竹千代

雨の日はまともに
傘をさせないほど
狭い路地

バラックの店など、その強烈な外観とともに、いずれ劣らぬ個性的な店のオンパレードです。

ゴールデン街

新宿センター街と共に、青線の姿を留めるもう一つのエリアが「新宿ゴールデン街」。青線時代の「花園歓楽街」がゴールデン街商業組合に、「花園小町」が三光商店街振興組合となって現在にいたり、これらをまとめて一般的に新宿ゴールデン街とよびます。

今でも客を相手に春をひさいだちょんの間付の長屋が連なる光景は、まるで街の一角が戦後からタイムスリップしてきたようにも見えます。

青線が消えた後も、文壇関連の人たちで賑わった全盛期の七十年代、バブルクラッシュやオーナーの引退などでシャッター通りとなった九十年代、インバウンドに成功して復活した近年と、さまざまな時層を積み重ねてきました。

店舗の激しい移り変わりの中で、代替わりをしながらも開設当初からの店がいくつか営業し、また一代で昭和三十年代から続ける、生き字引のような店も健在です。

マダムグレの香水の名を屋号にした老舗バー「カボシャール」のナオミさんは、ゴールデン街通いが高じて店をきりもりするようになったツワモノ。客層の若年化にあわせて、かつての歌舞伎小路に隣接するナカヨシビルにオープンした「ガス燈」は、現在のゴールデン街よりゴールデン街らしいご常連で賑わう居心地のいいバー。ナオミママに新宿の変遷を聞きながらグラスを傾けるのも一興です。

いまでもちょんの間が遺る新宿ゴールデン街の建屋

新宿センター街
新宿区歌舞伎町 1-3-10

【関連情報】
上海小吃　03-3232-5909
ガス燈　03-6273-9522

まるで宇宙ステーションのような外観

中銀カプセルタワービル

ＪＲ新橋駅から東へ徒歩約八分。まるで近未来からタイムスリップしてきたかのようなビルが建っています。銀座の不動産会社「中銀《なかぎん》」が建設した分譲マンション「中銀カプセルタワービル」は、「新陳代謝」という風変わりな思想から生まれたビルでした。

原点はＥＸＰＯ70

中銀カプセルタワービル（正式名称・中銀カプセルマンシオン。以降、中銀カプセルタワー）をお話しするには、まず１９７０（昭和45）年の日本万国博覧会、通称ＥＸＰＯ70をはずせません。

大阪府吹田市の広大な敷地で開催されたＥＸＰＯ70は、来場者数約６５００万人というとんでもない数字を記録したメガイベントでした。それは、日本の歴史上最大の盛り上がりを見せた、国家ぐるみでのイベントだったと思います。

そしてＥＸＰＯ70の最大の特徴は、建設された数々の奇妙なパビリオンでした。その姿は、誰もが一目で近未来を連想するものばかり。ＥＸＰＯ70は、世界が夢想した「アカルイ未来」を形にした、最初で最後のイベントだったのかもしれません。

数多くの魅惑的なパビリオンの中から、この場で取り上げるべき建物は「タカラ・ビューティリオン」。大阪に本社がある、理美容の椅子などを扱う美の総合メーカー、タカラベルモントが単独で出展したパビリオンは、今でも伝説として語り継がれています。

タカラ・ビューティリオンは、鋼管で組み上げられた巨大ジャングルジムのような骨組みの中に、アルミ製の六面体カプセルを埋め込んだ、それまで全く見たこともないような建築でした。

鋼管とカプセルは全て工場で生産され、現地での設営はたった七日間というスピード。しかも、カプセルをはめ込む位置を自由に変えられ、さらに増減も可能という、画期的な建築物です。

この建物を設計したのが、新国立美術館などで知られる日本建築界の重鎮・黒川紀章（１９３４～２００７）。生命が新陳代謝によって更新・成長していくように、古くなったら新しいパーツと交換しながら新陳代謝を繰り返す建物を提唱しました。

その発想から「メタボリズム（＝新陳代謝）」と名付けられた建築運動は、建物に限らず都市計画まで含む壮大なもので、日本発の建築思想として海外にも多大な衝撃を与えました。明治維新以来、西洋建築の吸収とアレンジに始終してきた日本の建築が、初めて世界から認められたほぼオリジナルの思想だったといえます。

ＳＦ映画のような中銀カプセルタワー

　タカラ・ビューティリオンを見た中銀の渡辺酉蔵（１９２１〜１９９１）社長が黒川氏に依頼して、１９７２（昭和47）年に建設された中銀カプセルタワー。

　中央にコアとなる二本の鉄筋コンクリート製の支柱を立て、それぞれの中心にエレベーター、周囲に螺旋階段を配して芯を作り、その芯に対して、立方体のユニットを貼り付けたような構造のマンションです。

　二つの支柱に固定されたユニットは全部で１４０個。その姿は、あたかもキューブ型の宇宙船が整然と停泊するＳＦ映画のワンシーンのようにも見えるものでしたが、そのユニットの形状から海外では、ドラム式洗濯機ルームともよばれました。

　各ユニットは10平方メートル程度。現代のワンルームマンションはおろか、廉価なビジネスホテルの部屋よりもさらに狭い造りは、個人のオフィスやホテル代わりの宿泊施設、郊外居住者のビジネスルームを目的としていたことによります。

右）創建時のパンフレット。冒頭の挨拶ではプレハブ住宅の延長線上にあることなどが語られている
左）およそマンションとは言い難い、ドラム式洗濯機が積み上げられたような外観

　発売当時のパンフレットでも「二十四時間都心のビジネスカプセル」と謳い、「マンシオン機能、ホテル機能、ビジネス機能の三つを兼ね備える」ことをウリにしていました。

　管理会社によるセキュリティやメンテナンス会社による保全はもちろん、「カプセルレディ」が常駐して、ゼロックス（コピー）やタイプライティング（現在のワード制作といったところでしょうか）、さらには電話応対まで完備していたというから驚きです。

　最大の特徴は、ユニットが老朽化

したら、新しいものとそっくり交換できるという発想。メタボリズムの建築物は国内各地にいくつか現存しますが、中銀カプセルタワーほどメタボリズムを象徴するものは他にありません。

建設から約五十年。結局ユニットが交換されることは一度もありませんでした。戸建の家を建て替えるよりはるかに安いとはいえ、ユニット一つの価格はそこそこするもの。高度経済成長期ならではの発想だったといえるでしょう。

宇宙船のようなユニット

それでは中銀カプセルタワーのユニットをちょっと見てみましょう。分譲だったせいで、多くのユニットは大幅に改装されていますが、中にはほぼ創建当時の姿で遺っているものもあります。

鉄製の玄関扉を開けると短い廊下があり、その奥が居室スペース。天井も壁も真っ白に塗装され、壁面に組み込まれたユニット家具は木製で、床は絨毯敷き。玄関の隣がユニットバスで、その造りはさながら廉価なビジネスホテルのような印象です。

そして部屋の突き当たりに巨大な丸窓が一つあり、部屋の採光はこの窓のみ。この窓こそ、建物を外から見たときに、まるで宇宙ステーションに停泊するポッドのような印象を与える窓でした。

特筆すべきは、ＡＶ機器がオプションで最初から組み込めること。14型のブラウン管テレビやテーププレコーダー、そしてチューナー付きアンプを壁面に埋め込むことができました。オープンリールのテープ・レコーダーが時代を感じさせてくれます。

ユニットバスは、廉価なビジネスホテルのそれよりさらに狭く、浴槽もかなり体を曲げないと入れません。それでも日本発のユニットバスがマンションに組み込まれた例としては、初期の試みといえるのではないでしょうか。

なお、キッチンやランドリースペースがないのは、食事は外食、洗濯はビルのサービスを受けられるため。まさに、ビジネスホテルの分譲版といったところです。

保存か改築か

竣工から三十年以上が経過した２００６（平成18）年、老朽化による危険性から解体・再建案が浮上し、翌年の総会で区分所有者の八割の合意を得て可決されました。しか

AV機器の全てがセットアップされたデラックス・タイプの室内。デスクは壁に収納可能

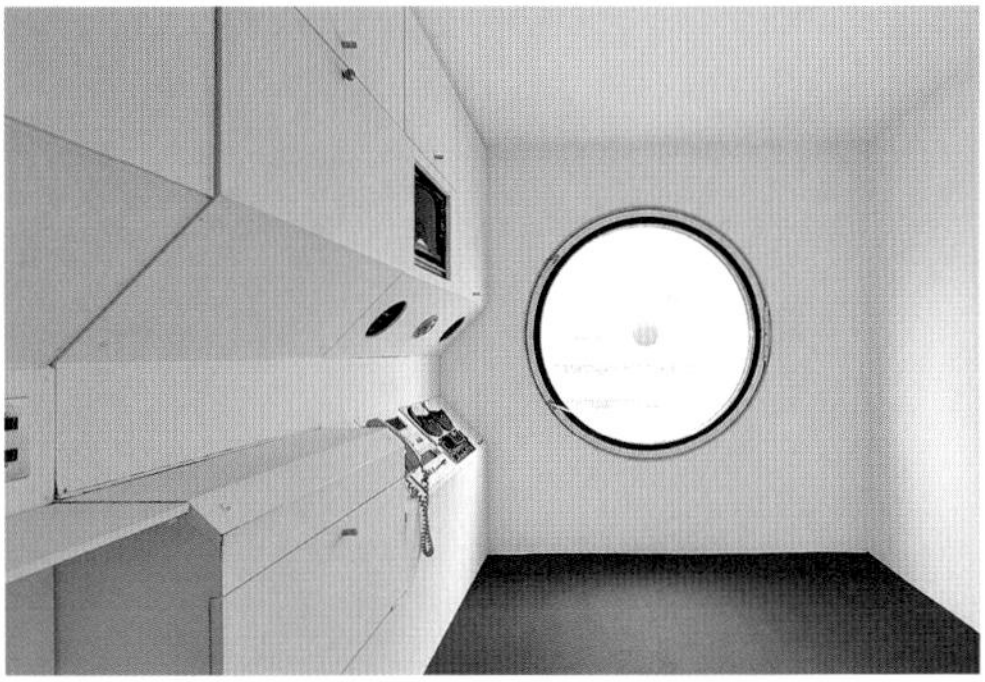

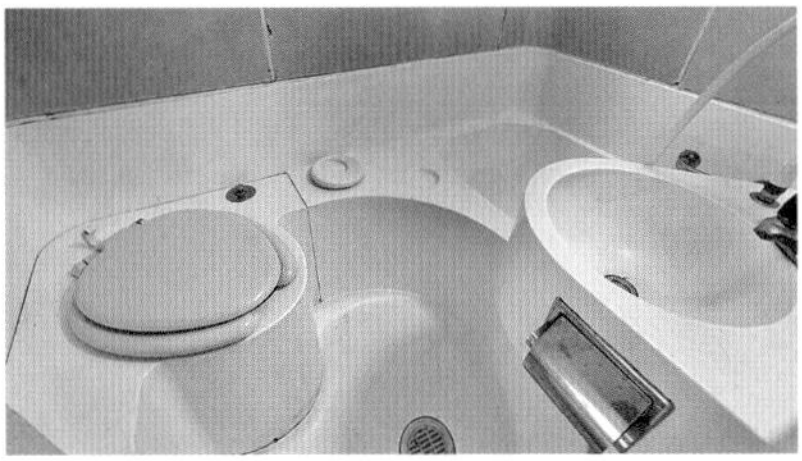

右）宇宙船の船内を彷彿とさせる室内

左上）AV機器は全てSONY製。オープンリールのテープデッキが時代を感じさせてくれる

左下）廉価なビジネスホテルよりさらに狭小なユニットバス

し、建設を請け負うはずだったゼネコンが倒産して頓挫し、二年後に決議も無効に。

　その後、2014（平成26）年に、前田達之さんを代表とする「中銀カプセルタワービル保存・再生プロジェクト」が、クラウドファンディングによる書籍出版の寄付を募ったところ、目標額をはるかに上回る募金があり、その影響もあいまって、現在は保存の方向に大きく傾いています。「ミニマリズムやタイニーハウスが注目される時流に乗った」ことが、中銀カプセルタワーの再注目と保存活動の後押しをしてくれたと、前田さんは語ります。

　特に海外からの注目度が高く、世界遺産の審問機関であるイコモスの査察も入っているとのこと。

ご多分に洩れず、国内より海外の方が近代建築への造詣が深いのはここでも変わりません。

そして２０１８（平成30）年、中銀が借地権と一部の所有権を不動産会社へ売却。不動産会社は、早急に解体再建を計画するも、全てのユニットが区分所有のために保存派の意見を無視できず、２０２０年の現在も、解体か保存かの結論にはいたっていません。

「区分所有だったため、大規模な修繕やカプセル交換もなかったが、解体もされずに今日まで遺ったのでしょう」と前田さん。確かに中銀のオーナービルだったら、とっくに解体されていたでしょう。

クラウドファンディングへのリターンとして内覧会を開始したところ、思いのほか反響があり、参加者の中にはその魅力に取り憑かれて、実際にマンスリーで住んだり購入したりする人もいるとか。これらの体験談は、ウェブ上でも散見します。

２０２０年の現在、中銀カプセルタワーの価値を十分に理解する、建造物の保存などを手掛ける外資系の企業がビルごと購入し、全てのカプセルを交換する計画が進んでいるとのこと。もしそうなれば、かつて黒川紀章が思い描いたメタボリズムが時を超えて実現することになります。

保存再生プロジェクトでは、より多くの人に中銀カプセルタワーの魅力を知ってもらうべく、現在も不定期で内覧会を開催中。開催日は、「中銀カプセルタワービル保存・再生プロジェクト」のウェブサイトに掲載されています。ゆくゆくはユニットを独立させ、トレーラーで牽引しながら日本全国を巡って、カプセルルームを体感してもらえたら。と将来の抱負も語ってくれました。

世界に認められた日本発の建築運動「メタボリズム」。その思想をもっとも象徴的に現出した中銀カプセルタワーは、「新陳代謝」の時を待ちながら、銀座の片隅に今も燦然と聳えています。

中銀カプセルタワービル
中央区銀座8-16-10

【中銀カプセルタワービル保存・再生プロジェクト】
ウェブサイト
www.nakagincapsuletower.com

五目そば

ややこしい五目そば

　拙書は基本的に街並みや建物から東京の時層を見ていますが、たまには料理から見るのはどうかと思いました。そこで取り上げたのが「五目そば」です。五目そばと聞いて、どんな料理を想像されるでしょうか。食材を餡でとじてラーメンにかけたものや、いろいろな種がのっている日本そば、ときには五目焼きそばを連想されるかもしれません。しかし、ここで取り上げる五目そばはそれらのどれでもなく、タンメンの上にゆで玉子や鳴門、焼豚や伊達巻など、とりどりの具材がのった麺料理です。

　ちなみに「五目そば」で画像検索し、広東麺や五目焼きそばなどを除いて、純粋にタンメンをベースとした五目そばを供する店の所在県をカウントしてみると、東京22、神奈川8、千葉と茨城が3、埼玉・群馬・静岡が2、長野・愛知・兵庫・香川・北海道がそれぞれ1という結果。もちろん情報量の偏りはあるにしても、五目そばは関東に多く、なかでも東京のご当地グルメといえるような結果が見えてきました。

　とはいっても、そもそも五目そばのベースとなるタンメンが全国区の麺料理ではありません。「お前に食わせるタンメンはねぇ」で多少知名度は上がったものの、タンメンという料理がない地域も多く、さらにそのバリエーションである五目そばは、ほとんど関東近県でしか馴染みがない麺料理だと思います。

　タンメンは、塩ラーメンや中国の湯麵《タンミエン》とも違い、具材をスープと一緒に炒めるのが調理法の特徴で、そういう意味では、長崎のちゃんぽんにも共通します。事実、長崎の市内や平戸のちゃんぽんなどは、タンメンに近い印象を受けるものもあります。ただし、ちゃんぽんはかん水麺ではなく唐灰汁《とうあく》麺を使用し、具材を炒めたスープで麺も炒めてしまう点は、大きな違いですが。

　タンメンの発祥は、1955（昭和30）年に、横浜の中華料理店「横濱一品香」が出したものとされます。中国からの引揚者が営むラーメン店の味をヒントにしたそうですが、ちゃんぽんは明治時代からあるので、タンメン的な料理はすでに国内にあったといえるでしょう。

　そして、タンメンの上に具材がのった麺料理が五目そばなので、本来は「五目タンメン」とするのが順当な気もしますが、五目タンメンという品書きを見たことは一度もありません。五目タンメンをさす料理名は決まって五目そば、ないしは五目中華そばです。いくつかの蕎麦やラーメン関連の辞典を見ても、五目そばの発祥などに触れたものはありませんでした。そこで、五目そばに関してちょっと考えてみようと思います。

五目そば考

手軽に食べられる現在のラーメンは、明治末期に浅草の「来々軒」で誕生し、その料理名は「支那蕎麥《しなそば》」でした。それまで高級料理だった中華料理が、少ない食材で作れてしかも手軽に食べられるとあって、来々軒の支那蕎麥はそのネーミングとともに、一気に普及したといいます。なお、昭和初期の来々軒のメニューには、すでに「五目そば」がありますが、はたしてこれがここで取り上げている五目そばと同じものかどうかは、今のところわかりません。

「支那蕎麥」は戦後「中華そば」となり、1958（昭和33）年に日清から発売されたチキンラーメンによって「ラーメン」という言葉に変わっていったのはご存知の方も多いことでしょう。五目そばがラーメンではなくそばという言葉をあてていることから、チキンラーメン以前に誕生した料理だということがわかります。

また、五目そばを供する飲食店は、いわゆる町中華や町蕎麦、そして大衆食堂や定食屋と多岐にわたりますが、いずれの店でも高確率で伊達巻がのっています。伊達巻で思い出す麺料理といえば蕎麦屋で供される「おかめそば」。

おかめそばは、かけそばの上に湯葉、松茸（あるいは三つ葉）、蒲鉾をおかめの顔のように並べる種物《たねもの》そばの一種で、幕末の頃に下谷（台東区）の太田庵が開発した、おもに関東一円で食される料理です。さらにおかめそばは「しっぽくそば」から派生したものといわれます。長崎発祥の卓袱《しっぽく》料理をルーツとして江戸時代の中頃に上方経由で江戸へ伝わったとされるのがしっぽくそば。江戸時代の記録には、松茸、椎茸、麩、芹、慈姑《くわい》などがのっていたとあり、幕末の頃は玉子焼、蒲鉾、椎茸、慈姑の四種におちついたようです。

現代でもオリジナルに忠実なおかめそばを出す店もありますが、基本形は蒲鉾、麩、椎茸、伊達巻、鳴門、法蓮草の六種。しっぽくの種が江戸時代に変化したように、おかめの種も変化し続けてきたのだと思います。

そしてこの変化したおかめそばを供していた町蕎麦が中華部門を手がけるようになり、そのメニューの一つだったタンメンに、おかめの種をトッピングするという実に複雑な経緯で誕生したのが、五目そばだったのではないでしょうか。

ちゃんぽんに似たタンメン、卓袱料理をルーツとするおかめそば、そして「カステラ蒲鉾」とよばれた長崎発の伊達巻。五目そばは、長崎に縁の深い料理なのかもしれません。

理想の五目そば

肉野菜炒めがたっぷりのっ

たタンメンは、それだけでもじゅうぶん満足のいく料理ですが、さらにさまざまな具材がのる五目そばは、麺の上に食の宝石を散りばめたような印象で、食べ応えと見た目の楽しさが最大の魅力です。

　五目といっても具材にきまりはなく、また五品目をはるかに超える具材がのるものもあります。もっとも多く見かける「五目」は、焼豚・鳴門・蒲鉾・伊達巻、それにゆで玉子で、ラーメンとおかめのオイシイとこどりといったところでしょうか。

　町中華の五目そばでも伊達巻をよく見かけますが、中華料理店で伊達巻を使う料理はほかに思いつかず、五目そばのためだけに在庫を揃えているのかと思うと、その苦労に要らぬ心配をしてしまいます。その点、町蕎麦は伊達巻や麩を使う料理がもともとあるので、五目そばに流用されていても不自然さはありません。町蕎麦のスープは、町中華に比べ、鰹節の出汁を効かせたものが多い印象です。

　もっとも理想的な五目そばは、東京ラーメンとおかめそばの基本的なトッピングが全部のったもの。すなわち、両者共通の鳴門に法蓮草、それに焼豚・海苔・支那竹という東京ラーメンの基本具材と蒲鉾・麩・伊達巻・椎茸というおかめの基本種、そして両者にはあまりのることのないゆで玉子をあわせて十品目のったものが、究極の五目そばといえるでしょう。ただし、筆者は、未だに出会ったことが

たとえ町中華であっても伊達巻がのる浅草生駒軒の五目そば

基本の5種が1つずつのって、味付けもスタンダードなすがも園の五目そば

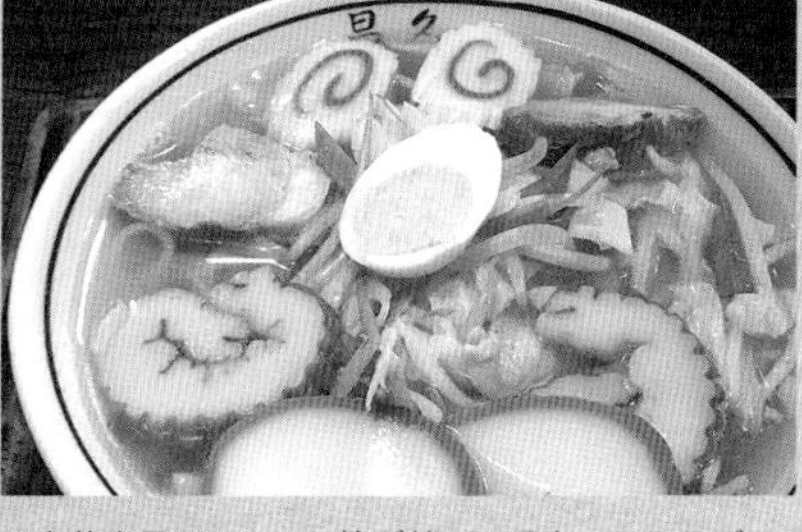

日本蕎麦屋ならではの節が効いた昌久の五目そばは、種が2つずつのる大盤振る舞い

色麩は入っているが伊達巻が入っていない長寿庵の五目そば

ありません。

もっともこれに近かったのは、京王線の笹塚駅から北へ十分ほどにある「大吉」の五目そば。法蓮草が絹サヤになっただけで、ほぼ理想形のトッピングでした。唯一残念だったのは、色切麩でなかったこと。鍋焼きうどんなどで見かける、中央に赤と緑の飾りが入った麩は、それだけでちょっと心踊ります。

トッピングもさることながら、もちろん料理なので、味が悪くては始まりません。色切麩と伊達巻という、もっとも五目そばらしい具材がのったものをネットで発見し、期待に胸を膨らませて訪れてはみるものの、すごすごと店を出たことも数知れず。

味の好みは十人十色ですが、今までの経験で、その味がもっともスタンダードだったのは、おばあちゃんの原宿として知られる巣鴨地蔵通りに面した「すがも園」の五目そば。非の打ちどころがない典型的な味でしたが、具材が料理名どおりの五目で、麩や法蓮草がのっていないのには少し寂しさを感じます。なかなか理想的な五目そばに出会うことはありません。

おそらく戦後に誕生し、東京の食文化の一端を担ったであろう五目そばは、今、供する店も徐々に減り、絶滅危惧種と化しています。体に染み込むタンメンのスープ、ヘルシーな肉野菜のスープ炒め、目を楽しませてくれるとりどりの種、そんなよくばりな五目そばには、ぜひ市民権を取り戻してほしいものです。

【関連情報】
大吉　中野区南台4-53-8
生駒軒　台東区雷門1-12-1
昌久　世田谷区赤堤4-30-6
長寿庵　渋谷区笹塚1-59-6
すがも園　豊島区巣鴨3-20-17

ほぼ理想的な具材がのる大吉の五目そば

関東大震災と戦禍によってことごとく壊滅した東京
しかし、かろうじて二つの試練を免れた地域もありました
そこには、百年前からの時層が、今も目に見える形で遺っています

時層堆積街

時層が積み重なる宿場跡

品川

江戸四宿の一つとして賑わい、
特に飯盛女の数は吉原の遊女よりも多く、
北の吉原に対して「南」とまでいわれた品川宿には、
宿場や猟師（漁師の意）町の面影、お台場や戦前建築など、
さまざまな時層を見ることができます。

品川宿の記憶を辿る

江戸四宿の一つ、品川宿はJR品川駅の界隈ではなく、それより南に位置する京浜急行線の北品川駅から新馬場《しんばんば》駅を挟んで青物横丁駅までの一帯に広がっていました。

ほぼ京浜急行に沿う形で遺るかつての東海道は、幅員や蛇行具合がほぼ当時と同じで、そんな旧東海道を歩いていると、いつしか時空の歪んだ空間にタイムスリップした錯覚に襲われます。

北品川駅付近のエリアは、品川宿の中では後年にできたもので、馬を常駐させず、人足だけがいたことから「歩行《かち》新宿《しんしゅく》」とよばれていました。

現在、宿場時代のものは何も遺っていませんが、「歩行新宿土蔵相模跡」の碑が、当時の記憶を今に伝えます。相模屋は、海鼠壁《なまこかべ》の外装が土蔵のようにみえることからそうよばれた品川有数の飯盛旅籠《めしもりはたご》でした。高杉晋作や西郷隆盛など幕末の攘夷派が密会を交わした場所としても知られ、明治時代の章で触れた伊豆長八の鏝絵もあったといわれます。

土蔵相模から東京湾方面へ行くと、ほどなく見えてくるのが品川浦船溜まり（トップ見開き）。江戸時代には、船

品川浦船溜りの北岸に遺る戦前の木造住宅群

溜りの先がすぐに海でしたが、今は埋め立てが進み、海を眺めることはできません。大正時代に竣工した北品川橋から船溜まりを眺めると、屋形船が舳先を並べる江戸の風情や、船溜まりの北岸に遺る「しながわ百景」の一つにも指定されている戦前の木造住宅群と、その奥に林立する高層ビル群が一堂に会し、まるで時層の断面を見るようです。

右）品川一の飯盛旅籠だった土蔵相模跡の碑
左）御殿山下台場のモニュメントと品川灯台の縮小模型

また、お台場として知られる品川台場の、第一から第三に次いで御殿山下台場が築造されたのもこの界隈でした。現在は、台場よりさらに外海まで埋め立てられていますが、かつての台場の輪郭どおりの道筋や、台場小学校の名にその名残をとどめています。

校門の横には、台場で使われていた石を転用したモニュメントがあり、その上に載っているのが品川灯台の縮小模型。国内で三番目に建造された洋式灯台でした。

鯨塚

台場跡のすぐ近くには、都内で唯一の鯨塚があります。かつて江戸中の人気を呼んだ三大動物「享保の象」「文政の駱駝」「寛政の鯨」の一つ、幕末期に品川浦へ迷い込んだ「寛政の鯨」を埋めた供養塚です。

嵐で品川沖に迷い込んだ体長約16メートルの鯨を、品川漁師の名にかけて見事捕獲。浦に横たわる鯨を一目見たさに多くの見物客が殺到し、鯨に因んだグッズや食べ物が作られたほどの人気でした。

滝沢馬琴や十返舎一九の戯曲にもなり、果ては徳川十一代将軍が上覧する、てんやわんやの大騒ぎ。やがて腐り始

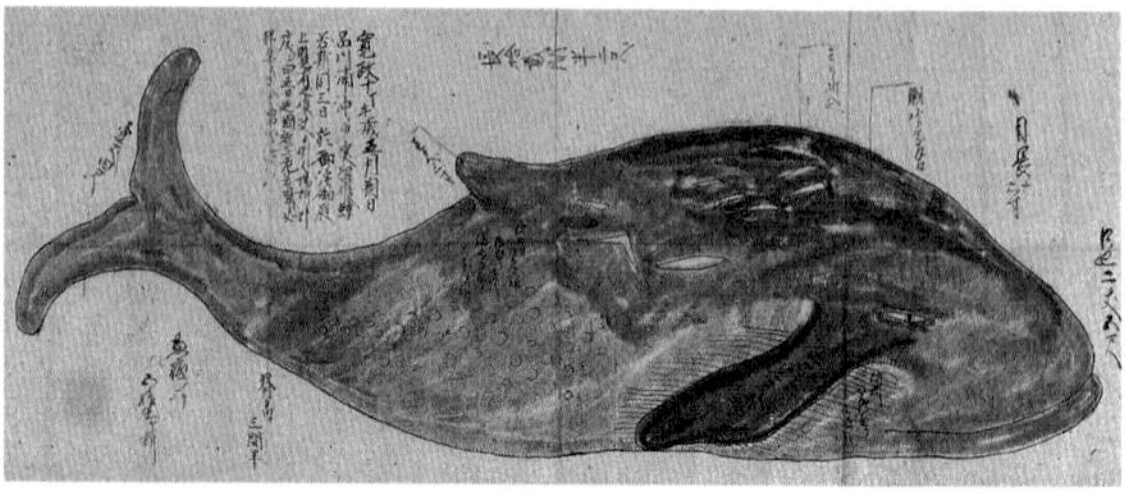

右上）当時の瓦版に描かれた「品川沖の鯨の図」（鯨塚説明板より）

右下）利田神社境内の片隅にひっそりと遺る鯨塚

左）鯨塚に隣接する品川浦公園の鯨型モニュメント

め、臭気が酷くなったので解体し、骨を埋めたのがこの地だそうです。いつの世も、珍しいものへの好奇心と逞しい商魂は変わりません。

鯨塚は、安藤広重の『江戸百景』にも描かれている須崎弁財天、現在の利田《かがた》神社の境内にひっそりと佇んでいます。塚碑が二つあるのは、品川区によると、旧来の塚の傷みがはげしくなったので、近年新しい塚を製作したとのこと。隣接する、目黒川を埋め立てた品川浦公園には、鯨をかたどったモニュメントがあり、子供用のシーソーも鯨のモチーフです。

品川神社

歩行新宿跡から南へ移動し、さらに第一京浜（国道15号）を渡ると、かつて明治天皇が指定した准勅祭《じゅんちょくさい》十二社の一つ、品川神社の階段下に構える、巨大な双龍の鳥居が見えてきます。

第一京浜からも見える小高い丘は、頂上まで登れば、実際に富士山を登拝するのと同じご利益があるとされる、民間信仰から生まれた富士塚の一つ「品川富士」。都内に遺る最も高い富士塚で、その高さ15メートルといわれますが、実際には道から登山口までの落差が5メートルくらいあるので、実質は10メートル。さらに五合目が、品川神社の境内と同じレベルなので、登る実感を味わえるのは約5メートル。江戸時代の章で触れた千駄ヶ谷富士と同じくらいでしょうか。

　黒ボクは、神社の境内側に集中して、道側にはそれほどなく、また頂上には、奥宮をはじめ釈迦の割石や金銀の明水池などもありません。ただし実際の標高は15メートルあるので、頂上の展望台からの眺めは抜群です。

麓に鎮座する蛙の石彫は、「富士」と「蛙」→「無事帰る」でオヤジギャグの安全祈願。浅間神社の狛犬の台座に富士山が彫り込まれているのも富士塚ならではのものでしょう。

　本殿の右にある摂社、阿那稲荷神社の「一粒萬倍の御神水」は、お金を洗ったあと、表参道にあたる北馬場《ばんば》表参道通り商店街で使うと、後に万倍になって戻ってくるとか。

　境内の左奥には、自由民権運動の主導者、板垣退助とその一族の墓所もあります。もともとあった寺の移転後も、本人の遺言に従ってこの地に残したようで、墓所の一角には、

晴れ日は特に気持ちがいい品川富士山頂からの眺望

さほど黒ボクが使われていない品川富士の五合目付近

ちょっと秘境感もある阿那稲荷神社。中央下が一粒萬倍の御神水

板垣退助一族の墓所の、佐藤栄作によるかの名言の碑

佐藤栄作の書による、かの名言の碑が静かに佇んでいます。

多様な戦前建築群

実は品川宿界隈は、先の大戦で戦禍を免れたエリアでした。そのおかげで、旧東海道沿いを中心に街のそこかしこに百年前のモダン建築が遺っています。

建物の前面を美しい銅板とスクラッチ・タイルで飾り、一階の軒が張り出した珍しい看板建築の「星野金物店」や、側面の張り板を緑青色のトタンで綺麗に覆い、桁柱を建屋の外に施行した出桁《だしげた》造りの「富田屋工業所」など、品川ならではの多様な戦前建築が散見します。

また、品川神社と東海道をむすぶ北馬場表参道通り商店街は、銅板葺の三軒長屋を中心に、とりどりの看板建築が九軒も並ぶ、都内でも極めて珍しい一角といえるでしょう。

冒頭で触れた品川浦船溜まりの近隣でも、貴重な看板建築を見ることができます。柱部分に型押しのレリーフをあしらった、銅板葺の変則三軒長屋の看板建築。落語好きの方ならご存知と思いますが、廓噺の演目『居残り佐平次』で、歴代圓生の噺に登場する鰻の「荒井屋」が最後に営業していた建物です。

緑青とスクラッチ・タイルの配色が美しい星野金物店

出桁造りの商店建築を今に伝える富田屋工業所

北馬場表参道通り商店街に遺る都内でも珍しい9軒並ぶ看板建築

「荒井屋へ行って中荒でもとってもらおうか。白焼きでこんなことして、あとは蒲焼きで、あったかいおまんまに鰻のっけぇの、お茶かけのうな茶なんか～」

残念ながら荒井屋は閉店し、現在は創作イタリアンの店ですが、建屋はそのまま遺り、屋号の「居残り連」が、荒井屋だったことを今に伝えています。

江戸時代から明治時代、そして戦前と、さまざまな時層を発掘できる品川を、江戸の旅人気分で体感してみるのはいかがでしょうか。

落語『居残り佐平次』に登場する鰻屋だった看板建築

品川　品川区北品川1丁目～3丁目

【関連情報】

土蔵相模跡　品川区北品川1-2-11
鯨塚　品川区東品川1-7-16
御殿山下台場砲台跡　品川区東品川1-8-30
品川神社　品川区北品川3-7-15
星野金物店　品川区北品川1-28-8
富田屋工業所　品川区南品川2-10
北馬場表参道通り商店街　品川区北品川2-11-11
居残り連　品川区北品川1-22-4

佃

銀座から二駅に遺る東京の「原風景」

「佃島」と聞いて、佃煮を思い浮かべる人は多いことでしょう。
東京湾の奥座敷に佇む「佃煮発祥の地」ともいわれる佃島は、
隣接する石川島とともに、その昔から隅田川の河口にあった中洲の島で、
その後埋め立てが繰り返されて、人が生活できる土地になっていった島でした。

数奇な時層が重なる佃エリア

佃島の歴史は江戸開幕まで遡ります。徳川家康が、本能寺の変の際に岡崎城へ戻る途上、摂津佃村の村民が川の渡しを手助けしたことから、そのお礼として隅田川河口の中洲島への居住を認めたことに始まったといわれます。

現在、佃島は月島埋立地の一部となり、住所としては佃一丁目に、かつての佃島だったエリアがあります。また一丁目の東に隣接する佃二丁目と三丁目は、明治中期に行われた東京湾澪浚《みおさらい》事業によって造成された埋立地で、一丁目と二丁目の北部が、かつて石川島だったエリアに相当します。

江戸時代からあった一丁目の佃島に対して、明治に造成された二丁目と三丁目は新佃島とよばれていました。また佃の南に広がる月島エリアも、同時期に造成されたもので、八十年代の街おこしで大きな成功をおさめた「もんじゃストリート」はご存知の方も多いことでしょう。

石川島は、江戸時代に人足寄場《にんそくよせば》とよばれる軽犯罪者の更生施設があり、その後、石川島監獄所になった南部。そして幕府の海軍造船所があり、その後石川島播磨重工（現・ＩＨＩ）の造船所になった北部。いずれも特殊な時層を積み重ねながら、現在はタワーマンションの先駆けといわれる大川端リバーシティ21が林立しています。

長屋街を体感できる新佃島

そんな背景を持つ佃島には、東京の原風景が今でも静かに息づいています。月島を取り囲む運河が防火壁となって、先の大戦の戦禍をかろうじて免れたため、戦前の街並みが数多く遺りました。

新佃島には、そこかしこに長屋、それも五軒以上連なる長屋が散見します。江戸時代は、長屋といえば八軒や十軒など、長世帯はあたりまえでしたが、関東大震災以降、類焼を避けるために三軒を限度とすることが推奨された結果、現在都内に遺るものは三軒長屋がほとんど。五軒以上の長屋は珍しい例といえます。

さらに新佃島の特筆すべき点は、長屋が単体で遺っているだけではなく、長屋の街並みがまるごと遺っていることにあります。通りに面した表店《おもてだな》（商店）の後ろに長く連なって、店が管理する賃貸の共同住宅、すなわち裏長屋があり、隣接する長屋に挟まれた土地は細い路地を造って、ちょうどその真ん中あたりに、井戸を囲んだ共同水場と共同厠、そ

単体の長屋ではなく長屋街が丸ごと遺る新佃島

今も井戸や防火水槽が遺る裏長屋の中心

してゴミ捨て場などがあるのが一般的な長屋の街並み。この全てのアイテムが揃って、江戸時代に町を造り上げていた長屋街となります。

　昨今は、江戸時代の章で触れた深川江戸資料館をはじめ、江戸東京博物館（墨田区横網）など、江戸の街並みを再現したミュージアムも多く、裏長屋の様子を体験したりジオラマで見ることはできますが、実際の長屋街をまるごと体感できるのは、知る限りこの新佃島だけです。

　時代劇にしばしば登場する、井戸端会議に花を咲かせるシーンはこの裏長屋の光景で、水場を中心にしたコミュニティの規模や距離感をリアルに知ることができる貴重な一角といえるでしょう。

まるで戦前建築の野外展示

　また、新佃島には、昭和初期の典型的な商店建築三種を計画的に並べたとしか思えない、野外博物館のような一角もあります。一軒は町家といわれる、昭和初期まで造られた木造の商店建築。一軒は銅板葺の看板建築、もう一軒は人造石による看板建築です。なお看板建築に関しては大戦間時代の海老原商店をご覧になってください。

町家の「長谷部精米店」は、桁柱を建屋の外へ施工する出桁《だしげた》造りとよばれる工法で、桁柱の太さが、出桁造り晩年の昭和初期に建設されたことを物語っています。また、町家造りながら随所に銅板が使われているのも、この時代特有の外観です。松皮菱《まつかわびし》の戸袋や七宝《しっぽう》の鼻隠しなど、凝った江戸小紋があしらわれていたり、瓦屋根の頂点に積み上がる熨斗瓦《のしがわら》の数が多いことから、財力のある商店だったことがみてとれます。

銅板葺きの「中島商会」は、東京下町のスタンダードな看板建築。戸袋は重ね亀甲と網代《あじろ》を途中できりかえした、凝りに凝ったもの。上部の茶褐色の部分は、近年に銅板で補修したのでしょう。まだ緑青色になっていないので十年くらいかと思いますが、トタンなどで補修している無粋な看板建築を数多く見かけるなか、銅板で補修されているのは嬉しい限りです。元は小料理屋で、その後油脂と雑貨を取り扱う店になった中島商会は、現在も往年の姿をとどめて、百年前の商店建築を今に伝えています。

昭和初期に多い、銅板を多用した町家の長谷部精米店

正面を銅板で葺いた典型的な看板建築の中島商会

これらの裏長屋街や商店以外にも、さまざまな戦前の建物が建ち並ぶ新佃島は、まるで時が止まった街にタイムスリップした錯覚を覚えるほど。百年前の東京の原風景を知ることができる、貴重な街だと思います。

戦前の木造建築が遺る旧佃島

新佃島の西に位置するのが、元来の佃島があった佃一丁目。新佃島のような看板建築や裏長屋はなく、近年建て替えられた木造戸建て住宅が数多く建ち並ぶ合間に、戦前の木造建築が点在しています。ただし、佃一丁目にはビルがほとんどなく、あってもせいぜい四階どまり。木造の低層住宅がひしめく光景は、とても銀座から二駅とは思えません。

佃島といえばやはり佃煮。元々は佃島の住民が保存食として作っていたものを商品化したので佃煮とよばれるようになったとか。そんな佃島の名産もいまでは数軒の佃煮屋が遺るばかりですが、その一軒、1837（天保8）年創業の「天安」は、昭和初期の建て替えながら、創業時の姿のまま再現されている見事な町家建築。江戸の商家を今に伝える、佃島のランドマーク的な存在です。

また、かつての漁師の網元「正政商事」は、型押しを施

昭和以前の商店建築を今に伝える佃煮の老舗天安

一枚板の戸袋や銛を模った樋飾りなど豪奢な木造建築の正政商事

したすりガラスの玄関や板張りの壁、銛《もり》をデザイン化した樋飾りや檜の一枚板を使用した戸袋など、オリジナルパーツがほぼそのまま遺り、しかも現役で使われています。意匠を凝らした戦前の木造建築を知ることができる重要な建物といえるでしょう。

時空の歪んだ絶景

北部には、江戸の初期に大阪から移り住む際、佃村から勧請《かんじょう》した住吉神社があります。有栖川宮幟仁《たかひと》親王の書による陶板の扁額や、かつての佃島周辺の景色を彫り込んだ欄間を持つ水盤舎《みずばんしゃ》、そして煉瓦造の神輿蔵など珍しい文化財が目白押し。

また、新佃島との境目付近にある、鳥居を共有した於咲《おいさき》稲荷神社・浪除稲荷神社の境内には、漁のできない日に漁師たちが力比べをした「さし石」があったり、島の真ん中を流れる舟入掘の泥中には、江戸時代から受け継がれた大幟《おおのぼり》を掲げる巨大な支柱が埋められているなど、江戸の面影を感じられるスポットが多々あるのも魅力です。

と同時に、船入掘の堰き止めから北方を眺めると、赤く塗られた佃小橋の奥にタワーマンションが林立する時空の歪んだ光景が広がって、訪れた人を驚かせる絶景ポイントといえるでしょう（トップ見開き）。

上）住吉神社の有栖川宮幟仁親王書による陶板の扁額
下）住吉神社の片隅にある珍しい煉瓦造りの神輿蔵

奥に見えるタワマンは、東京一極集中を象徴するような建物です。そのおかげで、こんにちの発展があるわけですが、もっとも少子化が進んでいるのも東京です。

逆に、地方の過疎化には歯止めがききません。それは、

右）渡船場跡の碑

左上）かつての交通手段が水路だったことを今に伝える隅田川沿いにたつ鳥居

左下）於咲稲荷神社・浪除稲荷神社の境内にあるさし石

人が減るというだけではなく、その地域にあった素晴らしい文化も失われていくことだと思います。

地方分散には、さまざまな問題もあるでしょう。しかし、そろそろ行政ぐるみで、分散を考えなくてはならない時代に来ているのではないでしょうか。摩天楼に囲まれた佃島を訪れると、いつもそんなことを考えてしまいます。

水面に映る摩天楼が美しい夜の佃島。右下の泥中に大幟の支柱が埋められている

佃　中央区佃1丁目～3丁目

【関連情報】

天安　中央区佃1-3-14　9時～18時　年末年始休

於咲稲荷神社・浪除稲荷神社　中央区佃1-8-4

住吉神社　中央区佃1-1-14

遊女の悲哀とぬか漬けの香りが交錯する街

三ノ輪

江戸の鬼門に位置する三ノ輪は、都内で唯一
道路と並走する区間がある路面電車、
都電荒川線（愛称・東京さくらトラム）の
終着駅「三ノ輪橋」で広く知られ、
ジョイフル三ノ輪商店街とともに、
ほっこりとした懐かしい雰囲気が魅力の街です。

地名の由来は「水の鼻」から

地名の由来はその昔、海岸線が近いことから「水の鼻」とよばれ、それが転じて三ノ輪になったといわれます。

江戸時代は江戸市中の最果てに位置し、川を渡れば日光街道の最初の宿場だった千住宿で、一帯には伊勢亀山藩の下屋敷が建ち並んでいたようです。その敷地内にあった弁天様は後に、大正時代創業の老舗銭湯「弁天湯」の女湯の庭に祀られていました。東日本大震災のダメージで、銭湯はあえなく解体されましたが、弁天様は今も小さな祠に鎮座しています。

銭湯がなき今も街角で祀られている中島弁財天

明治時代に入ると大きな屠畜場ができ、その副産業として皮革産業が盛んになります。隣町の三河島が都内屈指のコリアンタウンに変貌したのも、この屠畜場の恩恵によるものでした。

大正の頃は「新開地」といわれ、そのよび名からもわかるとおり、歓楽街として栄えていました。今からは想像もつきませんが、四百軒もの酒場があり、しかも普通の酒場ではなく、「銘酒屋《めいしゃ》」とよばれるもの。銘酒の看板を掲げながら、その実は私娼が相手をする呑み屋のことで、戦後でいえば青線です。

そんな、ちょっとダークな時層を秘めた三ノ輪を見ていきたいと思います。

都電のある風景

荒川線の三ノ輪橋駅は近年、大和塀に金鳥の看板を掲げるなど、昭和三十年頃のイメージに改装され、特に大正時代の市電を模したデザインの車輌が停車しているときなどは、とてもレトロな雰囲気を醸します。

アーチ越しに浮かび上がる夕暮れ時の三ノ輪橋駅

龍門石碑体で書かれた駅名プレート

構内の出入口にあるのは、龍門石碑体の駅名が渋い蔦絡まるアーチ。戦前までは、隣接する日光街道を走る路面電車の駅が「三ノ輪町」、この荒川線の駅が「三ノ輪」でした。

夕暮れ時、アーチ越しにボンヤリと浮かび上がる三ノ輪橋駅は、さすが関東の駅百選に選ばれるだけあって、とても風情があります。

歴史を伝える梅沢写真会館

三ノ輪橋の駅前にある「梅沢写真会館」は、アール・デコ様式が散りばめられた１９２７（昭和２）年築のモダン建築。

元々、荒川線の前身だった王子電気軌道、通称「王電」が入居していたことから、地元では王電ビルの愛称で親しまれる、ランドマーク的な存在です。先の戦禍をかろうじて免れた、貴重な生き証人といえるでしょう。

一階の通り抜け通路は、日光街道沿いにあった三ノ輪町

百年の風化を感じる旧王電ビルのコンコース

上）王電の社紋が遺る梅澤寫眞會館（『東京都電の時代』大正出版より）

下）昭和モダンの香りを漂わせる梅沢写真会館

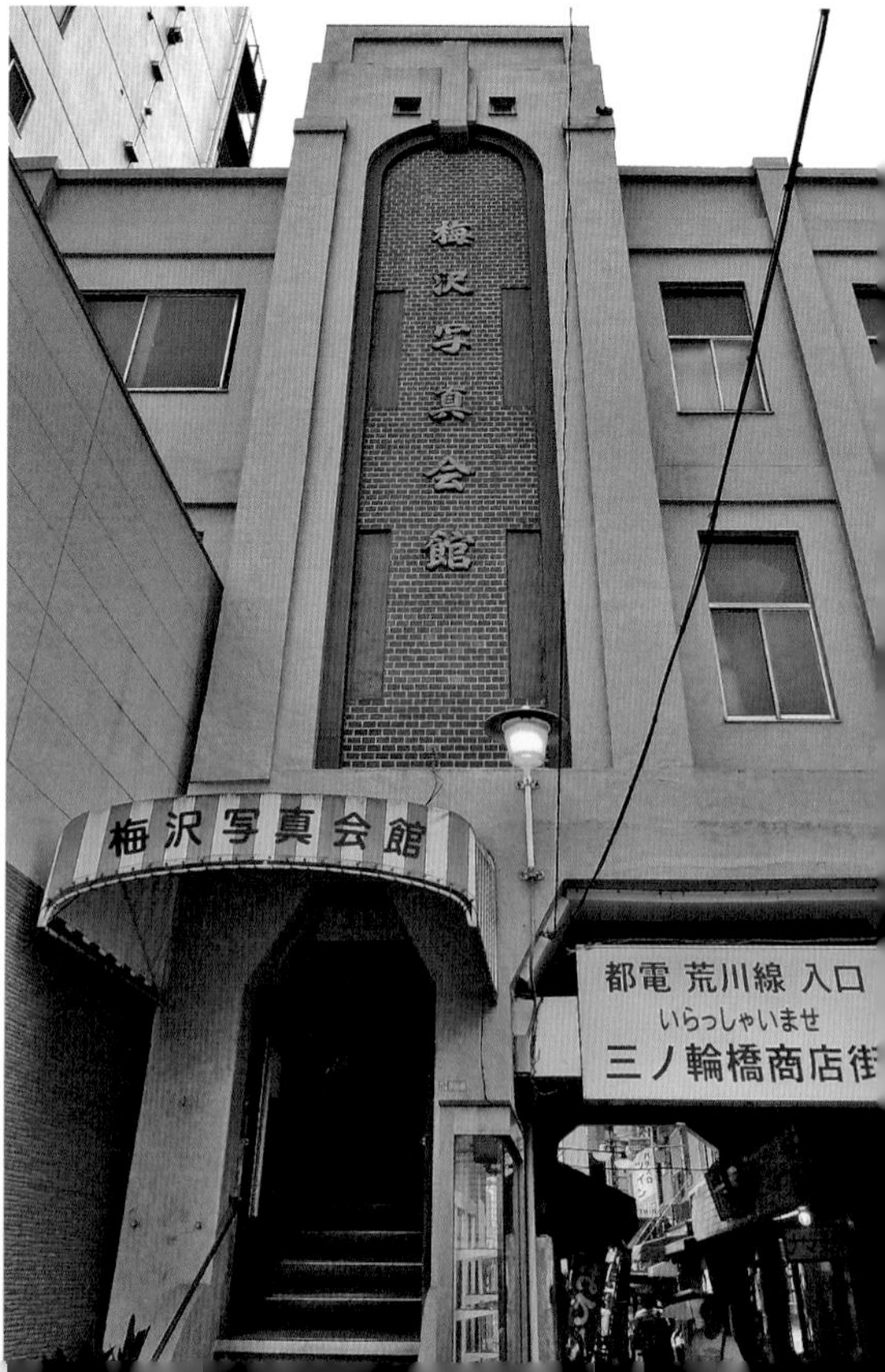

駅とを結ぶコンコースの名残。九十余年の間、一度も手を加えられることがなかったのか、劣化がとても激しく、それがかえって長い年月の経過を感じさせてくれます。

元気な商店街　ジョイルフ三ノ輪

三ノ輪橋駅からほど近いところにある「極楽荘」は、一泊1200円から泊まれる木賃宿《きちんやど》。大阪の西成にはもっと安いドヤもあるようですが、都内はおろか、おそらく国内でも最安値の部類に入る宿ではないでしょうか。玄関の奥には観音様が鎮座し、たしかに極楽浄土へ行けそうです。

都電に平行するアーケードの商店街がジョイフル三ノ輪。正式名は三ノ輪銀座商店街といい、１９１９（大正８）年発足というから百歳を超える古参の商店街です。

商店街入口の看板に付けられたレリーフが、都電とともに歩んできた街であることを伝えています。全長約５００メートルの標準的な規模の商店街には、とても味のある店が軒を連ねます。

日本三大老舗の蕎麦屋といえば、砂場、薮、更科。その一つで、大阪発の「砂場総本家」があるのも三ノ輪。江戸時代から続く老舗中の老舗で、１９５４（昭和29）年築の木造の店舗は荒川区の文化財にも指定されています。

屋号のディスプレイが可愛い「パンのオオムラ」は、店

極楽荘の玄関に鎮座する観音様

都電のデザインが施されたジョイフル三ノ輪のアーケード入口

三大老舗そばの一つ砂場総本店

自家製のぬか漬けのポリ樽が並ぶ藤野青果の店先

自家製のコッペパン・サンドが美味しいパンのオオムラ

オリジナルの素朴なコッペパンを使ったサンドがおいしい調理パン屋さん。

焼き鳥から各種揚げ物、そしてバラエティ豊かなお総菜まで、まさに三ノ輪の胃袋を一手に引き受ける「とりふじ」の前は、いつもお客さんで賑わっています。

「藤野青果」は、店先にいくつも並ぶ大きなポリ樽に漬け込まれた自家製のぬか漬けが圧巻。どれもがコスパ抜群で、そこかしこに貼られた健康志向の能書き群には圧倒されます。

三ノ輪のソウルフードともいわれる餃子の「さかい食品」や、九十円の紅生姜天で知られる「お総菜の店きく」も、はずせません。

東京からめっきりなくなった、ぬか漬けや餃子の肉餡などの食臭漂う商店街がここにはあります。

生まれては苦界、死しては浄閑寺

最後に、日光街道の東側にある浄閑寺《じょうかんじ》（荒川区南千住）は、ぜひ参詣したいお寺です。境内の墓地には安政の大地震、そして関東大震災や東京大空襲をはじめ、吉原で一生を終えた遊女たちを弔う新吉原總霊塔があります。弔われている遊女は、なんと2万5000人！　その多くはわずかばかりの香典料とともに、境内に「投げ込まれた」遊女たちでした。

　墓前に供えられた多くの髪飾りや手向けられた花は、掃苔者が後を絶たないことを物語ります。基壇に彫り込まれた花又《はなまた》花酔《かすい》の川柳「生まれては苦界、死しては浄閑寺」は、涙なくして読むことができません。

　慰霊塔の真向かいにあるのは、遊女を題材に数々の傑作を輩出した文豪・永井荷風の詩碑と筆塚。弔われた遊女たちを偲んで足繁く通った荷風は、浄閑寺への埋葬を切に望んでいたものの、結局叶わず、永井家の墓所である雑司ヶ谷霊園に。故人の意思を想い、他界の四年後に歌碑と筆塚が建てられました。歌碑には関東大震災後に変貌する東京への惜別が綴られ、また筆塚には本人の歯と小筆が納められています。

　ちょっとダークな歴史を秘めつつも、ほっこり和める三ノ輪は、先の大戦で戦禍を免れた地域でもあるので、そこかしこに戦前の香りが遺っています。商店街のおいしいお総菜を食べ歩きながら、ちょっとミステリアスな歴史を追想してみるのはいかがでしょうか。

約25,000人もの遊女が眠る新吉原總霊塔

新吉原總霊塔の目の前にある永井荷風の筆塚

三ノ輪　荒川区南千住1丁目〜2丁目

【関連情報】
三ノ輪橋駅　荒川区南千住1-12
梅沢写真会館　荒川区南千住1-15-6
極楽荘　荒川区南千住1-13-21
砂場総本家　荒川区南千住1-27-6
03-3891-5408　10時半〜20時　木曜休
パンのオオムラ　荒川区南千住1-29-6
03-3891-2957　8時45分〜19時　水曜休
藤野青果　荒川区南千住1-28-8
03-3801-3887　9時半〜20時半　無休
栄法山 清光院 浄閑寺　荒川区南千住2-1-12

緑深い都会のオアシス

雑司が谷

JR池袋駅南口から南東方面に徒歩十分。東京メトロ雑司《ぞうし》が谷《や》駅の界隈は、緑深い鬼子母神《きしもじん》とレトロな商店街が広がる都会のオアシスです。

雑司が谷と雑司ケ谷

「雑司が谷」……この一風変わった名前の土地は、南北朝時代に京都で雑色《ぞうしき》（主に雑務の役職）を務めた者が移り住んだことや、近隣の林が法明寺の雑司料だったことなどに由来するといわれています。

また「谷」は、池袋の西口付近にあった池を水源とし、鬼子母神の北を流れて神田川へ合流していた弦巻川の谷戸からとられたもの。川は昭和の初めに暗渠化され、今は急峻な地形を確認できるばかりです。

ちなみに、現在の行政区分や東京メトロの駅名は平仮名の「が」をあてる「雑司が谷」、霊園や都電の駅は「雑司ケ谷」というように、カタカナの「ケ」をあてます。

さらに、東京メトロの雑司が谷駅に隣接する都電の駅は鬼子母神駅で、メトロの駅から遠いのが都電雑司ケ谷駅というように、いささかややこしい表記にもなっています。

特に鬼子母神の界隈は、都区内で数少ない先の大戦の戦禍を免れたエリアなので、戦前の香りがそこかしこに遺り、とてもノスタルジックな雰囲気に包まれているのが特徴です。

文化財の看板建築がある表参道

都電鬼子母神駅の北に位置する鬼子母神の境内を目指して進むと、ほどなくして、大きなケヤキ並木が美しい、オアシスのような表参道に辿り着きます。参道の出入口付近にあるのが、看板建築としては数少ない国の有形文化財に登録されている「砂金家《いさごけ》長屋」。１９３２（昭和７）年に建てられた、ちょっとモダンな装いの看板建築で、２０１８（平成30）年に登録されました。

五軒長屋の造りで、一階は店舗、二階が住居のメゾネットタイプ。一階部分は改装が繰り返されていますが、以前からほぼ創建時の姿をとどめていた二階部分は、文化財の

大正ロマン漂う色ガラスと型押しガラスが綺麗な砂金家長屋の引き戸

看板建築としては珍しく、文化財に登録されている砂金家長屋

登録時にクリーンナップされました。特に建物の角に施された升柄のデザインが、和洋折衷な時代の香りを今に伝えています。

現在は真ん中の居室が観光案内所になっているので、内覧も可能。外観と同様、かなり改装されてはいるものの、裏口の色ガラスをはめ込んだ引き戸や急峻な階段など、当時の様子をうかがえるものも遺っています。

手塚治虫がトキワ荘の後に移り住んだ「並木ハウス」

また、砂金家長屋の裏手には、日本コミック界の巨匠、手塚治虫がトキワ荘の次に移り住んだ「並木ハウス」もあります。砂金家長屋と一緒に文化財登録された際に綺麗に塗り直されてはいますが、躯体は創建当時のまま。といっても、こちらは戦後の建物ですが、手塚治虫ファンにはおなじみのアパートでしょう。

厳かな雰囲気を醸し出す鬼子母神の本堂

ススキミミズクと国内最古の駄菓子屋がある鬼子母神

ケヤキ並木の参道を抜けると、鬼子母神堂が見えてきます。近隣にある法明寺の飛地境内にあり、その名のとおり鬼子母神様を祀った1664（寛文4）年創建の古刹。

右）荘厳な姿で立つパワースポットの大公孫樹

左）母の命を救った伝説のススキミミズク

「鬼」の字の頭に付いているツノをつけない表記が正しく、これは善行に転じた鬼を表すといわれます。ちなみに「神」とつきますが、仏教の守護神ということは、ご存知の方も多いことでしょう。

境内の中央に育つ大公孫樹《おおいちょう》は樹齢七百年ともいわれ、高さ33メートルの鬱蒼と茂る巨木はとても霊験あらたか。鬼子母神がパワースポットといわれるゆえんの一つです。

また、境内のあちこちにフクロウのオブジェを散見するのは、雑司が谷に伝わる「すすきみみずく」の伝説によるもの。貧しさゆえに病気の母の薬を買えなかった娘が鬼子母神にお参りしたところ、「ススキでミミズクを作って売り、それを治療費に」のお告げを受けて作ったミミズクが良く売れ、薬を買うことができたという伝説です。かつては鬼子母神の参詣土産として人気のあったススキミミズクも、現在は作り手の後継者不足で風前の灯といいます。

　そして鬼子母神といえば「上川口屋」。なんと、創業1781（天明元）年。約240年も続く、国内最古で現役の駄菓子屋です。十三代目が切り盛りする店には駄菓子以外のものが一切なく、正真正銘の駄菓子屋さん。軒先が張り出しているのは、その昔お殿様が雨の日に訪れても濡れないようにとの気遣いの名残とか。近年では、子供よりも参拝客で賑わう人気店です。

　そのほかにも、佃で触れたさし石と同じ用途の「力石」や、日暮里の銘店「羽二重団子」によって復活した、かつての名物「おせん団子」（土日のみ販売）など、ご利益と娯楽に溢れる境内です。

鬼子母神の境内にある、国内現役最古の駄菓子屋上川口屋

錚々たる文豪が眠る雑司ケ谷霊園

　鬼子母神堂から都電を渡って東のエリアへ移動すると、東京三大霊園の一つ、巨大な敷地を擁する都立雑司ヶ谷霊園が広がります。泉鏡花や小泉八雲をはじめとした錚々たる文豪や、荻野吟子や東條英機など、大きな社会活動をした人たち、そして江戸家猫八やいずみたくなど芸能関係の人たちなどが数多《あまた》眠ることで知られています。

　夏目漱石の墓はとても立派なものですが、これは本人の意思ではなく、当人はもっと質素なものを望んでいたと聞いたことがあります。また、数々の遊女の物語で知られる

右）本人の意思とは裏腹にとても豪奢な夏目漱石の墓
左）外柵がない質素な竹久夢二の墓
（いずれも雑司ケ谷霊園）

永井荷風は、吉原遊廓の投げ込み寺だった浄閑寺への埋葬を切に願っていたものの、結局永井家の墓所である雑司ケ谷霊園へ埋葬されました。

　美人画で知られる大正時代の画家・竹久夢二の墓もあります。外柵がなく、自然石と思われる大きめの石に「竹久夢二を埋む」とだけ書かれた質素な墓石には、夢二らしい柔らかい優しさを感じます。

明治の香りを今に伝える旧宣教師館

　雑司ケ谷霊園のすぐ南にある「雑司が谷旧宣教師館」は、国内でも珍しいアーリー・アメリカン様式の木造建築。帝国主義に拍車がかかる明治の終わりに、日本へやってきたアメリカのプロテスタント宣教師・マッケーレブの私邸です。白と緑の塗り分けが鮮やかな、いかにもアメリカの片田

窓が多くとても開放的な雑司が谷旧宣教師館

舎にありそうな可愛い建物は、１９０７（明治40）年築の木造二階建て。現在の建屋は、そのほとんどが修復され、オリジナル部材は室内の扉などほんのわずか。それでも、なるべく忠実に復元された姿からは、開放的な宣教師館の往時を偲ぶことができます。

右）各階の裾が跳ねる宣教師館の特殊な外壁処理
左上）19世紀のアメリカの田舎町を連想させる木製サッシュのデザイン
左下）コロニアル・スタイルに日本の竹を融合させた格天井

　玄関の屋根の下に施工された方杖《ほうづえ》とよばれる飾り付けは、当時アメリカで流行っていたもので、その形状が十字架のイメージと重なります。また二階各部屋の、竹を使った格天井《ごうてんじょう》（格子状に仕上げた天井）はとても珍しく、居留地建築によく取り入れられたコロニアル・スタイルに日本の竹を融合させたものでしょう。

　そして最大の見所は、各階の裾が外側へ跳ねる形で雨対策を施した外壁。この工法が現存するのは、国内ではここだけとのこと。それにしても、ずいぶんと大工泣かせな技法だと思います。

昭和レトロな商店街

　宣教師館から南へ谷戸を下ると、かつての弦巻川沿いに造られた弦巻通り商友会へ辿り着きます。鬼子母神界隈とは違って、戦禍で焼失した地域ですが、それでも昭和で時が止まった光景には和むこと間違いなし。

　特に商店街の中程にある「雑二《ぞうに》（雑司が谷二丁目の意）ストアー」は、戦後すぐに開設された、向かい合う何軒かの長屋の間をアーケードにした、とても小さくてレトロな市場。かつては十一軒あった店も、今営業しているのは八百屋だけというのは寂しい限りです。

　雑二ストアーの周辺は、今でも営業する店舗が一番多いエリアで、懐かしい調理パンやシベリアなども販売する、1923（大正12）年創業の「アカマル・ベーカリー」、米蒸しから醤油塗りまで、全て手作りでやさしい味のせんべいを六十余年作り続ける「小倉屋製菓」、そして看板の動物イラストが魅力的な地元の人気店「肉の大久保」など、昭和の商店街の原風景が遺っています。

　商店街には仕舞屋も多く、けっして賑わってはいません。しかし、一軒のコンビニ以外にチェーン系の店舗が一切ない商店街には、住民とともに歩んで来た歴史が刻まれているようです。

　緑深い都会のオアシス、雑司が谷。鬼子母神でパワーをもらって霊園で苔掃し、ほっこり和む弦巻通りにお出かけになるのはいかがでしょうか。

弦巻通り商友会の中程にあるレトロな市場の雑二ストアー

懐かしさを感じる弦巻通り商友会

工房の横で直接せんべいが買える小倉屋製菓

雑司が谷
豊島区雑司が谷1丁目～3丁目／南池袋4丁目

【関連情報】
砂金家長屋　豊島区雑司が谷3-32-4
鬼子母神堂・上川口屋　豊島区雑司が谷3-15-20
雑司ケ谷霊園　豊島区南池袋4-25-1
雑司が谷旧宣教師館　豊島区雑司が谷1-25-5
雑二ストアー　豊島区雑司が谷2-22-17

激動の時層が眠る街の跡

代々木公園

新型コロナウイルスの感染拡大で一年延期された東京オリンピック。ご一緒に旅をしてきた東京時層旅行の最後は、前回の東京オリンピックで選手村があった東京都立代々木公園を訪れます。

都立代々木公園

春は桜が咲き乱れ、夏は深い緑が萌え、秋は紅葉に染まり、冬にはときに白銀の世界になる代々木公園。ほぼ毎週のようにイベントが行われる休日をはじめ、都民の憩いの場として、さまざまな人々が訪れる都内有数の公園です。

そんな代々木公園の原宿門から入ってすぐの右奥に、木造の建物が一棟、ひっそりと佇んでいます。説明板によると、前回の東京オリンピックの際に使われた、オランダ選手用の宿舎とのこと。切妻屋根のシンプルな平屋で、壁は白く、塗り分けられた玄関周りや窓枠のミントブルーが、印象的です。

実はこの建物は、選手村のために建てられたのではなく、それ以前からあった建物を流用したものでした。ともすれば、ただの管理室のようにも見えますが、現在の緑深い公園からは想像もつかない、代々木の杜が歩んだ数奇な運命を今に伝える貴重な建物です。

東京の緑地公園の時層

かつて「コンクリート・ジャングル」といわれた東京。しかしそれは、国内各地の出身者が集まっていることを表した比喩で、実際の区部の緑被率は二十パーセントを越えます。世界の大都市でも緑は多い部類といえるのではないでしょうか。そして緑の多さに貢献しているのが各区に点在する大規模緑地公園です。

江戸市中の範囲で、現在大規模な公園になっている場所の時層をみると、千代田区の日比谷公園は、数々の大藩の上屋敷→練兵場→公園、港区の神宮外苑と青山墓地は、中小藩の下屋敷→練兵場→公園、新宿区の戸山公園は、尾張徳川の下屋敷→陸軍学校→公園、板橋区の加賀公園は、加賀前田藩の下屋敷→造兵廠→公園、というように、そのほとんどが大名屋敷→軍の関連施設→公園という時層を積み重ねていることがわかります。

中には江戸時代の章で触れた新宿御苑のように、明治以降も軍事施設とならずにずっと庭園のままのものや、大戦間時代の章で触れた、関東大震災後に復興公園として造られたもの（錦糸公園など）もありますが、それ以外のほとんどは同じ時層を積み重ねています。

そして、ここで取り上げる代々木公園も同じ運命を辿ってきました。現在、二十三区内では五番目の規模ですが、かつての江戸市中では、最大規模の緑地公園です。

国内初の動力飛行

現在代々木公園があるエリアは、江戸時代、中小の武家屋敷が建ち並んだ地で、隣接する明治神宮も、もとは彦根藩の下屋敷でした。

維新後は、近隣の農家の茶畑や桑畑として使われ、長閑な風景が広がっていましたが、１９０９（明治42）年に、それまで青山にあった陸軍の練兵場が移転してきて代々木練兵場となります。

当時の敷地は、現在の代々木公園および南に隣接する織田フィールドや国立代々木競技場、そしてNHK放送センターまでも含む広大なエリアでした。さらに、隣接する南部、現在の渋谷区役所や渋谷公会堂がある一帯には衛戍《えいじゅ》監獄（陸軍刑務所）があり、二・二六事件の首謀者たちが銃殺された場所としても知られます。

練兵場開設の翌年、フランスで動力飛行機の操縦を習得してきた徳川好敏陸軍大尉が、複葉機「ファルマン式飛行機」を操縦し、約四分間で３０００メートルの飛行に成功。

また、ドイツで操縦を習得してきた日野熊蔵陸軍大尉が、

公園の一角にある日本航空発始之地記念碑（右奥）と、国内で初めて動力飛行を成功させた日野熊蔵陸軍大尉（左）と徳川好敏陸軍大尉の像

単葉機「グラーデ式飛行機」を約一分間で１０００メートル操縦し、国内で初めてとなる動力航空機の飛行に成功しました。

　飛行機はいずれも輸入品でしたが、ライト兄弟の飛行から七年目という快挙。代々木公園の片隅には、大空を飛ぶ鳥をかたどった大きな記念碑と二人の大尉の銅像が、その栄光を伝えながらひっそりと佇んでいます。

　その後、代々木練兵場では、第一次世界大戦から第二次世界大戦にかけて、多くの兵士が練兵、先の大戦末期には学徒の訓練も行われていました。そして１９４５（昭和20）年8月15日。練兵場はその役目を終えます。

十四烈士

　敗戦から十日経った8月25日の未明。代々木練兵場の十七本欅とよばれた場所で、国家主義の活動団体「大東塾」の塾生十四人が、昭和天皇に対する敗戦の謝罪として自刃しました。当初皇居前や靖国神社も候補にあったそうですが、天皇を直接汚してしまうという理由から、明治神宮に隣接する代々木練兵場を選んだといいます。

　大東塾とは、１９３９（昭和14）年に、影山正治（１９

当時採取した血染めの砂が埋められている十四烈士自刃之處の碑

１０～１９７９）が結成した団体で、国家主義の活動グループの中では後発ながら「大東塾が動くときは、日本が変わるとき」とまでいわれた実力派。

右派の活動家・思想家でもあり歌人でもあった影山氏は、右派の中でも、明治維新の原動力となった民族派とよばれる思想に傾倒すると同時に和歌を大切にし、自ら主宰した「不二歌道会」も結成しています。

世界恐慌やアジアの情勢不安から、明治維新と同様に再び政権の転覆を考える人々が増えたこの時代を「昭和維新」とよび、影山氏も神兵隊事件などのクーデターに参加しました。

広く知られる二・二六事件（１９３６年）や、それに先立つ五・一五事件、血盟団事件（ともに１９３２年）など、大戦間時代のクーデターはいくつもありましたが、転覆に重点が置かれ、その後のビジョンに乏しかったため、結局昭和維新が実現することはありませんでした。

ワシントン・ハイツ

敗戦後、練兵場は接収され、ほどなくして米海軍の家族用団地「ワシントン・ハイツ」が建設されます。総計８２７戸にもおよぶ住宅棟はもちろん、学校やマーケット、教会や将校クラブなどが併設された団地は、小さなアメリカの街そのものだったといいます。

そして１９５２（昭和27）年にGHQの占領が終了し、徐々に接収地が返還されていく中でも、ワシントン・ハイツは進駐軍から在日米軍の宿舎となって存続し続けました。「ヤンキー・ゴー・ホーム」が叫ばれたのもこの頃です。

さらに１９６０（昭和35）年には、新日米安保条約が発効し、もはや代々木の杜からワシントン・ハイツがなくなることはないと思われた矢先、前年に決定していた東京オリンピックの選手村として、突然返還されることになります。

安保闘争の激化で反米感情を察知した米軍が、戦争再発の懸念も視野に入れ、移転を承諾したためでした。選手村の建設費はもとより、移転先の選定やその建設費用も全て日本が負担するという、かなり過酷なものでしたが、唯一、ワシントン・ハイツの建物が従来の日本の建物に比べて遥かに大きいサイズだったので、そのまま欧米の選手村に流用できたことが救いといえるでしょう。

これに先立って、大東塾生の自刃の地は、いくたびもの返還請求の末、遺族の切なる思いが通じて、１９５８（昭

原宿門の近くに遺る、ワシントン・ハイツを転用したオランダ選手の宿舎跡

和33）年に、慰霊碑の建立が認められていました。来るべき返還の時、正確な場所が算出できるようにと、接収直前に基準点を決めておいたといいます。

オリンピックが終わり、選手村の建物も暫時解体されて、1967（昭和42）年に完成したのが今の代々木公園です。唯一遺った一棟の宿舎跡は、公園の片隅でずっと放置されていましたが、今世紀の初めごろ、綺麗な状態に改修されました。そして、十四人の烈士たちが散った場所には十数本の欅に囲まれた「十四烈士自刃之處」の碑石がひっそりと佇んでいます（トップページ）。

半世紀前に大規模なアメリカの街があった代々木公園を訪れるとき、たまには、かつての日本が歩んだ激動の時代に想いを馳せてみるのはいかがでしょうか。

代々木公園
渋谷区代々木神園町 2-1
常時開園　入場無料

おわりに

東京の時層巡りはいかがだったでしょうか。もちろん時層は全ての地域にありますが、訪れた時に旅気分も味わえるよう、興味深い時層が遺っている場所を選んでまとめてみました。

こうして時代順に並べてみると、江戸時代は別として、いかに東京が壊滅と再生を繰り返してきたかがわかります。かつて街に溢れかえっていたエネルギーは、復興の欲望そのものだったのでしょう。

そして高度経済成長の後も東京は進化し続け、とても安全で綺麗な街になりました。しかし、今の東京にかつてのようなエネルギーを感じるかというと、疑問が残ります。

経済大国ニッポンは過去の神話となり、ネット競争でも大きく遅れをとった現状が、街の姿にも反映されているように思えてなりません。満たされた東京は、もはや欲望を失った街になってしまったと感じるのは私だけでしょうか。

そろそろ、綺麗に管理された元気のない街に終わりを告げ、たくましく生きる力を与えてくれる、エキサイティングな街になってほしいと思います。

今から五年くらい前に、街歩きを主催する会社から連絡をいただいたことがきっかけで、定期的に東京の街歩きを催行してきました。参加の皆さんとは、街歩きの後に必ず懇親会を開くようにしています。

とかくメディア・コミュニケーションに頼りがちになってしまう昨今。かくいう私もそうですが、時層を巡る旅のオフ会が、新しい出会いの場になったことは、とても嬉しいことでした。

そんな時層を巡る街歩きツアーにご参加いただいた多くの方々に、感謝申し上げます。拙書の上梓はひとえに、その方々のおかげと思っています。

最後に、拙文への励ましとともに投稿を続けさせていただいたアーバン・ライフ・メトロの國吉真樹編集長、たくさんのわがままを快く受け止め、完成の方向へ導いていただいた編集の池田雪さん、欲張りなテキストと画像を綺麗に仕上げていただいたデザイナーの大村政之さんに、深謝申し上げます。

Kurosawa 2020
THX ω ♡

復興橋梁の永代橋とタワマンの元祖大川端リバーシティ21（佃／時層堆積街）

参考文献

千代田区、中央区、新宿区、文京区、台東区、江東区、品川区、中野区、豊島区の各区史
『玉川上水』たましん地域文化財団
『占領期生活世相誌資料２』新曜社
『下野歴史物語　中巻』国書刊行会
『深川江戸資料館展示解説書』深川江戸資料館
『伊豆長八の世界　土の絵師』木蓮社
『浅草の百年』踏青社
『看板建築』三省堂
『近代建築史』昭和堂
『バウハウス』ＰＡＲＣＯ出版
『新宿　性なる街の歴史地図』朝日新聞出版
『あの日の新宿』武陽堂

出典

Ｐ１１『四谷大木戸水番屋構之図』（国立公文書館蔵）
Ｐ１３　かつての眞崎鉛筆の工場（新宿区教育委員会の説明板）
Ｐ２９「万治高尾」（歌川国貞『古今名婦傳』国立国会図書館蔵）

Ｐ３５　「千駄ヶ谷富士と八幡宮」（『江戸名所図会』国立国会図書館蔵）

Ｐ１３８　「品川沖の鯨の図」（品川区鯨塚説明板）

Ｐ１５４　王電ビル（梅澤寫眞會館）（『東京都電の時代』大正出版）

アーバン・ライフ・メトロ（urbanlife.tokyo）元記事掲載年月日

全て２０１９年。ただし高尾稲荷神社のみ２０２０年。

いずれも大幅に加筆修正

玉川上水余水吐（11月4日）、高尾稲荷神社（1月28日）、
千駄ヶ谷富士（10月19日）、深川江戸資料館（8月15日）、
品川寄木神社の鏝絵（12月8日）、神谷バー（11月24日）、
妙見島（12月7日）、鶴見線（7月21日）、元町公園（8月29日）、
多寶山成願寺（12月22日）、下総屋食堂（9月6日）、
中野新仲見世商店街（9月20日）、中銀カプセルタワー（10月20日）、
佃（7月14日）、三ノ輪（9月8日）、雑司が谷（9月27日）

著者プロフィール

黒沢永紀（くろさわ・ひさき）

東京都新宿区生まれ。中野区育ち、渋谷区在住。早稲田大学文学部卒業。都市探検家、軍艦島伝道師、音楽家、映像制作集団オープロジェクトメンバー、長崎伝習塾塾長。

幼少の頃より貝塚や産業廃墟を探索。音楽家として社会人デビュー。2000年頃から軍艦島を取材し、その成果を多くの著作で発表。オープロジェクトでは軍艦島をはじめ廃線や廃道などの産業遺産を映像作品化。近年では、自ら企画した軍艦島と池島炭鉱のワンデイツアーや東京街歩きのガイドも行っている。

書籍：『軍艦島全景』『池島全景』（三才ブックス）、『軍艦島入門』（実業之日本社）、『軍艦島 奇跡の海上都市完全一周』『誰も見たことのない世界遺産軍艦島』（宝島社）、『東京ディープツアー』（毎日新聞出版）、『東西名品 昭和モダン建築案内』（洋泉社／共著）ほか

映像：『軍艦島』三部作、『廃道』三部作、『鉄道廃線浪漫』（以上日活）ほか

写真：黒沢永紀
ブックデザイン：大村政之（クルール）
編集：池田雪（書肆侃侃房）

KanKanTrip Japan 8

東京時層探検

2020年9月17日　第1版第1刷発行

著　者　黒沢永紀
発行者　田島安江
発行所　株式会社 書肆侃侃房（しょしかんかんぼう）
〒810-0041 福岡市中央区大名2-8-18 天神パークビル501号
TEL 092-735-2802　FAX 092-735-2792
http://www.kankanbou.com　info@kankanbou.com

印刷・製本　シナノ書籍印刷株式会社

ISBN978-4-86385-414-7 C0026